KB098863

사소한 것을 놓아주기

지은이_**피터 러셀** (Peter Russell)

작가이자 강연자로 활동하는 피터 러셀은 현대 영성과 인간 의식 분야를 이끄는 사상가다. 러셀은 오늘날 인류에게 가장 중요한 과제는 개인, 사회, 세계를 괴롭히는 각종 문제의 원인 — 틀에 갇힌 믿음과 사고 — 에서 벗어나는 것이라고 믿는다. 러셀은 세계 각지 영적 전통에서 얻을 수 있는 인간의 의식에 관한 지혜를 정리하여, 현대적이고 설득력 있는 방식으로 전하는 것을 사명으로 삼았다. 피터 러셀은 영국 케임브리지대학교에서 이론물리학과 심리학 학사 학위를 그리고 컴퓨터 공학 석사 학위를 얻었으며, 인도에서 명상과 동양철학을 공부했다. 1980년대 '글로벌 브레인'이라는 말을 처음 사용해 인터넷이 인류에 미칠 영향을 예견한 바 있다. 그는 이 책 이외에도 모두 열두 권의 책을 썼으며, 대표작으로는 『Waking Up in Time』과 『과학에서 신으로(From Science to Go)』가 있다.

www.peterrussell.com

Eckhart Tolle Editions 관하여

에크하르트 톨레는 Eckhart Tolle Editions를 통해, 독자의 인생을 바꾸어 놓기에 충분한 작품을 직접 선정해 출판하고 있다. New World Library 계열 출판사인 Eckhart Tolle Editions는 의식의 성장과 목표와 현재에 충실한 삶의 길라잡이가 될 책을 소개한다.

에크하르트 톨레에 관해 더 알고 싶다면, **www.eckharttolle.com**를 방문하세요.

An Eckhart Tolle Edition

사소한 것을 놓아주기

LETTING GO OF NOTHING

피터 러셀 지음 · 이하영 옮김

마레책방

LETTING GO OF NOTHING - Relax Your Mind and Discover the Wonder of Your True Nature
by Peter Russell
Foreword by Eckhart Tolle
An Eckhart Tolle Edition

Original English language publication 2021 by New World Library, California, USA
This Korean edition was published by Solbitkil in 2023 under license from New World Library, a division of Whatever Publishing Inc., a California Corporation arranged through Hobak Agency.

추천의 글들

"피터 러셀은 마치 무더운 날 차가운 물 한 잔을 건네는 친구 같다. 《Letting Go of Nothing》은 독자가 하던 일을 잠시 내려놓고, 한 걸음 뒤로 물러나 편안한 사고방식을 찾으라고 가르친다. '놓아주는 행위'는 이를 통해 자연스럽게 생겨나기 마련이다. 감동적이며, 섬세한 책이다."

:: 『The Deep Hear and In Touch』의 저자, **존 J. 프렌더가스트 PhD**

"충만하고 행복한 삶을 살기 위해, 그리고 진정한 내가 누구인지, 내가 세상에 기여할 수 있는 바가 무엇인지 알기 위해 필요한 핵심을 꿰뚫는 책이다. 지금보다 평화로운 삶을 원하는 사람 그리고 자아 발견에 관심이 있는 사람에게 이 책을 추천하고 싶다. 즐거운 독서가 되기를!"

:: 『Love on Every Breath』의 저자, **라마 팔덴 드롤마**

"이 책은 우리 안에 이미 존재하는 정신적 자유와 평화를 찾는 법을 알려 준다. 놀랍도록 단순하고, 명료하며, 간결한 지침서다. 인간 스스로 불필요한 고통을 만들어 내고 있다는 사실 그리고 지금 이 순간 그저 존재하는 것이 얼마나 멋진 일인지 깨닫는 것은 평생, 매 순간에 걸친 여정이다. 피터 러셀은 이해하기 쉬운 언어로 이 여정을 돕는다. 실용적이고, 지혜로우며, 다정하고, 참신하리만큼 현실적인 책이다. 강력하게 추천한다."

:: 『Nothing to Grasp and Death : The End of Self-Improvement』의 작가
조안 톨리프슨

"700년 전, 위대한 기독교 명상가 마이스터 에크하르트는 '인간 최상의 미덕'을 탐구하고자 했다. 그는 인간이 기를 수 있는 최고의 미덕은 '욕망을 놓아주는 것'이라는 결론을 내렸다. 이후로도 세계 각지의 수많은 현자들이 이를 반복해 말한 바 있다. 그리고 오늘날, 놓아주는 능력이 그 어느 때보다 절실한 시대에 피터 러셀은 놓아주는 행위의 중요성과 이에 대한 접근법을 명쾌하게 제시한다."

:: 『Essential Spirituality』의 저자 **로저 월시 MD. PhD** (캘리포니아 의과대학)

"이 책에서 피터 러셀은 지극히 사적인 여정에 독자를 초대한다. 러셀 본인이 평생 동안 습득한, 인간으로 살아가는 것이 무엇인지에 관한 지혜를 나눈다. 이 책의 짧은 글 한 편 한 편에

서 러셀의 영적 각성을 엿볼 수 있다. 러셀이 걸어온 길은, 행복과 충만함으로 가득한 삶은 외적 환경이나 조건이 아니라 매 순간에 충실하며 열려 있는 태도에 달려 있음을 주지시킨다. 이 책은 단순한 마음의 평화 그 이상 — 인간의 무한한 가능성을 다룬다."

:: 『Getting Real』과 『From Triggered to Tranquil』의 저자, **수전 캠벨, PhD.**

"『Letting Go of Nothing』은 영적 각성을 통한 평화, 사랑, 만족을 추구하는 독자 앞에 놓인 수많은 길의 핵심을 현명하면서도 실용적으로 요약했다. 간결한 챕글을 통해, 러셀은 인간이 겪는 감정의 어려움을 겸허히 인정하면서, 동시에 독자가 진정한 인간의 본성을 받아들일 것을 장려한다. 피터 러셀은 경험을 통해 얻은 진솔하고 꾸밈없는 태도로 이 책을 썼다. 러셀 본인이 말한 것처럼, '영적 각성을 현실로 불러오는' 책이 아닐 수 없다."

:: 『Ending the Search』의 작가이자 영적 스승 **도로시 헌트**

"서방세계 사람들은 매 순간 인생의 모든 부분을 통제하는 데 집착한다. 이런 만성적인 집착에 시달리는 사람들은 아무리 사소한 것이라도 운이나 자연의 흐름에 맡기고 싶어 하지 않는다. 『Letting Go of Nothing』에서 피터 러셀은 더 큰 행복과 성취를 위해서는 '놓아주는 행위'라는 모순을 받아들일 필요가 있음을 증명한다. 러셀이 이 책에서 증명하듯, 이는 뉴에이지식 사이비 심리학이 아닌 인류의 오래된 지혜다. 이 지혜가 오늘날까지 살아남은 이유는 단 하나, 진리이기 때문이 아니겠는가."

:: 『One Mind』의 저자, **래리 도시 MD**

"나라는 사람과 내가 하는 생각은 별개라는 깨달음은 자유로 가는 관문이다. 『Letting Go of Nothing』은 독자를 슬기로운 길 – 현재에 충실하여 그저 존재하는 순간 자연스럽게 생겨나는 진정한 평화와 자유의 길로 이끌어 준다.

:: 『Radical Acceptance and Radical Compassion』의 저자, **타라 브라흐**

"이 책은 불행이 인간의 본성이 아님을 명확히 증명한다. 또한 굴레에 빠진 독자를 만성적 불안에서 해방시켜 주고 자기통제라는 목표로 안내한다. 러셀이 소개하는 것은 삶에 근본적인 변화를 불러오는 데 매우 효과적이고 명쾌한 마음의 기술이다. 내 삶에 적용하지 않을 이유가 없다."

:: Association for Global New Thought의 대표, **바바라 필즈, LHD**

"이 책은 한 사람이 평생 동안 이룬 내적 탐구의 명료한 결과물 같다. 처음부터 끝까지 순서대로 읽어도 좋고, 내키는 대로 아무 꼭지나 먼저 읽어도 좋을 것이다. 어느 쪽이든, 여러분에게 풍요와 깨우침을 선사할 테니."

:: 『The Clear Light』, 『Extraordinary Awakenings』의 저자, **스티브 테일러**

"나는 이전부터 피터 러셀의 글과 영적 측면과 과학적 측면을 결합시키려는 그의 노력을 높이 평가해 왔다. 이 책은 독자에게 러셀의 영혼과 가치관을 소개한다. 동시에 러셀이 세상과 자아를 바라보는 자신의 시각에 명상법과 불교 전통을 응용하는 방식을 설명한다. 이를 통해, 독자는 '진정한 인간 본성의 평화'를 마주하게 될 것이다. 이 책에서 러셀이 단언하듯, 나 역시 인류가 모든 건전한 종교를 통해 추구하는 현실적인 영적 지혜를 깨달을 날이 올 것이라 믿는다. 러셀의 지혜는 명료하고, 이해하기 쉬우며, 효과적이다. 그리고 이를 통해, 인류와 우리 모두가 공유하는 이 신성한 행성이 언젠가 안녕을 되찾을 수 있을 것이라 믿는다."

:: 『Meister Eckhart』의 저자, **매튜 팍스**

"『Letting Go of Nothing』에서, 피터 러셀은 '놓아주기' 전통의 정수를 명료하고 이해하기 쉬운 언어로 전달한다. 짤막한 글 한 편 한 편에 독창적인 통찰과 실생활에 적용하면 '모든 지혜를 초월하는' 평화를 얻을 수 있는 방법이 담겨 있다. 주말 이틀이면 읽을 수 있을 만큼 짧지만, 동시에 평생을 함께할 만큼 심오하다. 『Letting Go of Nothing』은 현대 영성계의 보석이다."

:: 작가이자 스승, **루퍼트 스피라**

"『Letting Go of Nothing』은 명료하고 매력적이며 지혜로 가득한 책이다. 부처의 가르침의 핵심을 현실적이고 사용하기 쉬운 방식으로 소개한다. 이해하기 어려운 표현은 쓰지 않은 이 아름다운 지침서는 인간의 정신이 스스로 만들어 낸 감옥에서 빠져나올 수 있는 방법을 알려 준다. 배운 교훈을 실천하는 독자라면, 진정한 해방의 길라잡이를 찾았다고 느낄 것이다."

:: 『Awakening Joy』의 저자이자 Spirit Rock Meditation Center의 공동설립자, **제임스 바라즈**

추천사

태곳적부터 동·서양 종교에서는 '놓아주는 행위'를 자기를 초월하고 영적으로 자각할 수 있는 전제 조건으로 여겼다. 사람들은 이런 행위를 인간의 자아에 양분을 공급하는 모든 요소를 포기하는 것과 동일시하고는 했다. 인도의 은둔 성자(금욕주의 탁발승), 이슬람의 수피교도, 불교의 수도승들, 디오게네스를 포함한 몇몇 그리스 철학자, 그리고 '사막 교부'라고 불리며 중세 수도승의 기원이 된 초기 기독교 은둔자까지, 많은 이들이 이 믿음을 공유했다.

이들은, 정신적 여정에서 앞으로 나아가기 위해서는 속세에서 내가 사랑하는 것과 내게 양분을 공급하는 것을 모조리 포기해야 한다고 믿었다. 이는 집을 포함해 소유하고 있는 물질들과 기름진 음식, 안락함, 성(性), 인간관계까지, 모든 종류의 감각적 쾌락을 포함한다. 이런 것들을 포기함으로써, '에고', 혹은 '거짓된 자아'가 자신이라고 여길 만한 대상을 제거하고, 최종적으로 에고를 말려 죽인다는 발상이었다. 21세기 인간에게는 언뜻 황당무계한 발상으로 보일지도 모르겠다. 하지만 내면세계를 탐험한 용감무쌍한 자들은 실제 자기를 초월한 바 있으며, 성경 구절을 빌리자면, "상상할 수조차 없는 평안"을 실현하는 데 성공했다.

하지만 나는 단언할 수 있다. 이들 중 절대다수는 여전히 자신의 '자아적 감각'에 갇혀 있으리라고. 많은 사람은 자신을 특정한 종교적 신앙 체계 — 즉 사상 — 와 동일시하여, 사상이 자신을 "자유롭게 해 줄 진리"라고 착각한다. 또 어떤 이들은 '모든 것을 버린 인간의 영적 상태'를 바탕으로 하는 강력한 자아상을 만들기도 한다. 이것은 쫓아낸 줄 알았던 이들의 거짓된 자아(에고)가 몰래 숨어들어 오는 데 성공한 것이다. 이들 정신적 수행자들은, 에고의 귀환을 깨닫기도 전에 정체성이라는 함정에 발을 들이고 말았다. 사람들은 외적인 요소를 놓아주는 행위를 과하게 강조하는 통에 내적인 부분은 간과하는 실수를 저지른다. 이들은 모순적이게도, 모든 것을 놓아주었되 그 무엇도 놓아주지 못했다고 말할 수 있다.

피터 러셀의 책은 여러분의 정신적 여정에 귀중한 동반자가 되어 줄 것이다. 앞으로 펼쳐질 이야기는 '놓아주는 행위'

의 내적인 측면 — '생각'과 생각의 거울상인 '감정'에 대한 집착을 놓아주는 것 — 을 뚜렷하게 그려 낸다. 생각과 감정은 인간의 시야를 가리는 장막 같은 역할을 하는데, 인간은 이 장막을 통해 현실을 인식(정확히 말하면 그릇되게 인식)한다. 우리가 스스로에게 들려주는 이야기(머릿속에서 속살대는 목소리)는 기대, 불평, 후회, 걱정 따위로 이루어져 있다. 많은 이야기, 특히 반복적인 이야기는 불안, 분노, 미움 같은 부정적인 감정을 자아내며, '눈에 보이지 않는 정신'이라고 할 만한 무언가를 구성한다. 이 '눈에 보이지 않는 정신'은 속세에서 인간이 만들어 내는 개인적이고 집단적인 고통의 원인이다.

인류 대다수는 여전히 — 문자 그대로 — 생각에 홀려 있다. 이들은 생각이라는 행위를 하는 것이 아니다. 단지 '생각'이라는 현상이 이들에게 일어날 뿐이다. 영적 각성의 시작은 나 자신이 내 머릿속의 목소리와 동일 인물이 아니라, 다만 그 목소리를 인식하는 사람임을 깨닫는 것이다. 독자 여러분은 여러분의 생각을 지탱하는 의식이다. 이 깨달음이 확고해질수록, 개인의 정체성은 마음속에서 들려오는 이야기보다는 인식하는 범위 안에서 파생되기 마련이다. 즉, 생각과 자신을 동일시하는 행위를 놓아주게 되는 것이다. '생각'이 더는 자아(에고)로 넘실대지 않게 된다는 말이다! 이것이 바로 궁극적인 '놓아주는 행위'이며, 유일무이한 진정한 '포기'다. 이를 성공적으로 이루어 낸 사람은 이전처럼 소유물이나 감각적 즐거움 같은 외적 요소를 누릴 수 있다. 다만 이런 것들이 기존에 지니고 있던 어마어마한 중요성과 중독성은 사라질 것이다. 놓아주는 데 성공한 사람은 일정한 거리를 유지하면서 외적인 요소를 충분히 즐길 수 있다. 그 요소가 이 세상에 존재하는 동안에는 말이다(그러나 외적인 요소는 그게 무엇이든 언젠가는 사라진다는 것을 미리 일러두고 싶다). 놓아준 사람은 더 이상 자신을 사물에서 찾지 않는다. 한때 삶의 필수 요소라고 느꼈던 '심각함'을 떨쳐 낼 수 있다.

나는 독자 여러분이 이 책을 내적인 '놓아주는 행위' 안내서로 사용할 것을 제안하고 싶다. 이 여정을 거치며 여러분이 성장했음을 증명하는 기준으로는 무엇이 있을까? 시간이 지날수록, 여러분을 불행하게 만드는 '생각'의 힘이 점점 희미해질 것이다. 어려운 상황이나 사람들을 마주했을 때 이전보다 덜 예민하게 반응할 수 있을 테고, 걱정이 무의미하고 파괴적이라는 것을 깨닫고, 언젠가 걱정이 밀려오더라도 그저 놓아줄 수 있을 것이다. 지금 이 순간에서 내적인 평화와 만족을 얻을 수 있을 것이다. 그리고 어쩌면 자기 자신이 그저 '사람'이기보다는, 세계의식이 진화하는 데 필수적이며 본질적인 구성 요소라는 것을 깨달을 수 있을 것이다.

– 에크하르트 톨레

서 문

'놓아주는 행위'는 세계 각지의 영적 전통에서 핵심적인 역할을 맡고 있다. 결과에 연연하지 않는 것, 욕구를 포기하는 것, 현재를 받아들이는 것, 나보다 고등한 존재에게 나를 맡기는 것, 에고를 포기하는 것, 용서하는 것……. 모두 '놓아주는 행위'를 수반한다.

어째서 '놓아주는 행위'를 이다지도 중요하게 여기는 것일까? 많은 영적 스승이 무언가를 '붙잡는 행위'가 인간의 인식을 제한하며, 사고를 흐리고, 많은 고통의 원인이 된다고 가르친다.

반면, '놓아주는 행위'는 안도감을 불러온다. '붙잡는 행위'에 투자하던 심리적 압박감과 에너지에서 자유로워지면서 인간의 마음은 한결 편안해지고, 두려움이나 불안 같은 껍질에서 벗어나 있는 그대로의 세상을 직시할 수 있다. 타인, 그리고 사랑을 열린 마음으로 받아들일 수 있게 된다. 그러면서 인간은 깨닫는다. '붙잡는 행위'를 통해 추구하던 것들 — 안전, 행복, 기쁨, 마음의 평화 — 은 언제나 손닿는 곳에 있었다는 사실을. 다만 '붙잡는 행위'가 그들의 존재를 가리고 있었을 뿐이다. '놓아주는 행위'에는 여러 형태가 존재한다. 예를 들어, 고정된 믿음이나 관점을 놓아주는 것, 언제나 옳아야만 한다는 강박관념을 놓아주는 것, 자아를 놓아주는 것, 과거나 미래에 대한 기대를 놓아주는 것, 소유물이나 관계에 대한 애착을 놓아주는 것, 판단과 고충을 놓아주는 것, 건강하지 않은 감정을 놓아주는 것, 세상이 특정한 모습을 하고 있어야 한다는 믿음을 놓아주는 것 등이 있다.

앞서 말한 것과 같거나 다른 다양한 사례에서 인간은 믿음, 주관의 투영, 기대, 해석, 태도, 애착 따위를 버릴 것을 요구받는다. 이런 것들은 책, 집, 사람 같은 사물과는 다르다. 오로지 우리의 마음속에만 존재하기 때문이다.

다시 말해 '사물' 그 자체를 놓아주기보다는, '사물'에 대한 나 자신의 시선을 놓아줄 필요가 있다. 이 책의 제목을 '아무것도 아닌 것을 놓아주는 행위(Letting Go of Nothing)' — 혹은 내가 가끔 하는 말처럼 "무(無)를 놓아주는 것" — 라고 붙인 이유가 바로 여기에 있다.

*

나는 이 책의 씨앗을 오래전에 땅에 심었다. 명상법을 처음 배울 무렵이었는데, 나는 언제나 쉽지만은 않은 이 '놓아주는 행위'의 귀중함을 깨달았다.

1960년대 후반에서 70년대 초까지, 나는 운 좋게도 초월명상의 창시자 마하리시 마헤시● 요기에게 가르침을 받았다. 그는 '완벽한 편안함', 즉 어떤 특별한 상태에 도달하려는 노력을 버리라고 강조했다. 그의 가르침을 통해 나는 당시 내 작업의 근간이 되었던 인도 철학과 영적 각성의 본질을 습득하게 되었다. 이 가르침은 여전히 내 작업의 토대이다.

이후, 『A Course in Miracles』이라는 책을 만날 기회가 생겼다. 이 책의 주된 교훈은 '자아의 사고방식을 놓아주는 것'이라고 요약할 수 있다. 저자는 책 말미에 다양한 훈련법과 명상법을 제안했는데, 이는 내가 당시 발견하고 있던 진리와 공명하여 내 작업에 깊이를 더했다.

● 인도의 초월명상법을 창시한 요기. 비틀즈의 스승으로도 유명하다. -편집자 주

시간의 흐름에 따라, 나는 점점 더 부처의 가르침과 친숙해졌다. 부처는 행복을 가져다준다고 믿는 것들을 붙잡는 인간의 행위가 고통의 근원임을 깨달은 바 있다. 세상이 이러저러해야 한다는 믿음, 욕망, 두려움, 혐오를 '놓아주는 행위'를 통해 인간이 비로소 고통에서 해방될 수 있다는 것이었다.

최근에는 루퍼트 스파이라, 프란시스 루실, 에크하르트 톨레, 람 다스 같은 현대의 영적 스승들이 내 사고와 명상법을 명확히 하는 데 도움을 주었다. 이들의 전통이나 가르침에 익숙한 독자라면 이 책 곳곳에서 그들의 영향을 느낄 수 있을 것이다. 그렇지만 나는 가능한 한 스스로 얻은 깨달음과 경험을 바탕으로 글을 쓰려고 노력했다. 이 책에는 주제마다 내가 이해한 것을 담았으며, 이곳에서 제시하는 훈련은 내게 실제로 도움이 되었던 것들이다. 독자 여러분의 영적 각성 여정에 내 방식이 도움이 되기를 바라며 이 글을 쓴다.

| 차례 |

마음의 변화

나는 도저히 이 문제를 놓아줄 수가 없었다. 뭘 어떻게 해도 아무 소용이 없는 것 같았다.

지난 이틀 동안, 나는 아내를 원망했다. 아내는 제 방식을, 나는 내 방식을 고집했다. 어떤 관계든 때때로 일어나기 마련인 다툼이었다. 나는 내 의견이 정당하다고 믿었으며, 상대방의 의견은 답답하다 여겼다. 물론 그녀 역시 그렇게 생각하고 있었을 것이다. 그리 큰 문제는 아니었으나, 공기에는 어쩔 수 없는 긴장이 흘렀다.

나는 이 사건을 놓아주고 싶었다. 별일 아니라고, 금세 사그라들 것이라고 되뇌었다. 이 문제를 완전히 잊어버리거나, 적어도 이 일에 대해 불평하는 짓이라도 그만두고 싶었다. 나름대로 기분을 전환하기 위해 애썼다. 하지만 소용이 없었다. 나는 마음속에 여전히 원망을 품은 상태였고, 덕택에 나와 아내의 관계가 틀어지고 있었다. 책상에 앉아 프로젝트 업무를 하면서도, 나는 아내와의 문제에 정신이 팔린 상태였다. 내가 이 사안을 바라보는 방식이 문제의 핵심이라는 것은 인지하고 있었으나, 도무지 어찌할 도리가 없었다.

그러다 문득, 스스로에게 단순한 질문을 던져 보기로 했다.

'이 문제를 달리 볼 방법은 없을까?'

나는 답을 찾기보다는, 일단 질문을 던진 뒤 어떤 일이 일어나는지 알고 싶었다.

거의 즉각적으로, 모든 것이 바뀌었다. 나는 아내를 나름의 역사와 욕구와 선호를 가진, 자신의 삶에서 올바른 길을 걷고자 노력하는 한 명의 인간으로 볼 수 있게 되었다. 그녀를 불평과 편견이 아닌, 공감의 시선으로 바라볼 수 있게 된 것이다. 이틀 내내 느끼지 못했던 사랑이 되돌아왔다. 그에 따라 턱에 들어가 있던 긴장이 풀렸고, 배에 주고 있던 힘이 풀렸으며, 마음이 편해졌다. 이제야 모든 것이 명확하게 보였다. 나는 어째서 이토록 명백한 사실을 이제껏 깨닫지 못했던 걸까? 어쩌다가 독선적인 관점에 이렇게까지 사로잡혔을까?

나는 아내가 바뀌기를 원했으나, 실제로 바뀌어야 했던

것은 내 마음이었다. 불만을 붙들고 있는 한, 변화는 일어나지 않는다. 나는 잠시 자리에 멈춰서, 문제의 상황에서 한 발자국 물러나, 열린 태도를 유지한 채 다음과 같은 질문을 던져야 했다. 그 질문에 대한 명쾌한 답이 있다는 전제도 버린 상태로 말이다.

'이 상황을 달리 볼 방법은 없을까?'

그 질문을 던졌을 때 비로소 내 내면의 지혜가 발동되어, 이 상황을 바라볼 수 있는 유익한 관점을 제시했다.

이 새로운 관점을 깨달았을 때 내 마음은 비로소 집착을 놓을 수 있었다. 자연스럽게, 의식적인 노력 없이, '놓아주는 행위'가 일어난 것이다.

놓아주는 것의 어려움

'놓아주는 행위'가 이다지도 중요하다면, 우리는 어째서 그렇게 하지 않는 것일까?

누구라도 이 질문에 대한 답은 경험을 통해 알고 있을 것이다. 놓아주는 것은 생각만큼 쉽지 않다.

예를 들어, 사랑하는 반려동물의 죽음을 겪은 사람을 떠올려 보자. 그가 고통스러워하는 모습을 본 친구들은 "그냥 놓아줘!"라고 말한다. 인간관계가 파탄 난 충격적인 경우에도 대부분 비슷한 조언을 할 것이다. 힘든 일이 닥쳤을 때, 사람들은 "그만 잊어버려"라고 말한다. 어떤 면에서는 이런 제안이 옳을 수도 있겠으나, 큰 도움이 되지 않는 게 문제다. 이런 상황에서 '그냥 놓아주는 것'은 무척 어렵기 때문이다. 고통스러운 상실의 기억은 내 의도와는 다르게 가슴에 깊은 타격을 입힌다.

이러한 어려움은 '놓아주는 것'을 그저 또 하나의 '할 일'로 여기는 데에서 비롯된다. 아무리 애써도 '놓아주는 것'을 단순히 '할' 수는 없다. 놓아주기 위해서는, '붙잡는 행위'를 멈춰야 한다. 그런데 이것은 상당히 다른 접근법이 필요하다.

작은 돌멩이를 손에 쥐고 들어 올리는 상황을 상상해 보자. 돌멩이를 그 자리에 붙들어 두기 위해서는 애를 써야 하며, 이는 손 근육을 긴장시킨다. 돌멩이를 놓아주려면 근육을 이완시키고 손의 힘을 풀어야 한다. '붙잡는 행위'를 중단함으로써 비로소 '놓아주는 행위'가 일어나는 것이다.

마음에도 비슷한 원칙이 적용된다. 다만 이 경우, 힘을 풀어야 하는 꽉 쥔 손은 정신적인 손에 해당하리라. 사람은 특정한 태도, 믿음, 기대, 판단을 붙잡고 있기 마련이다. 정신적 긴장을 풀고 말 그대로 마음이 '느슨해지도록' 해야 한다.

그러므로 '놓아주는 행위'에 대한 올바른 접근법은, 이를 해결해야 하는 또 하나의 문제로 여길 게 아니라, 다만 '붙잡는 행위'를 그만두는 것이다. 마음이 긴장을 풀 수 있도록 적절한 내적인 조건을 만들어, '놓아주는 행위'가 자연스럽게 일어나도록 하는 것이다.

여러분에게는 이런 접근 방식이 색다르게 느껴질지도 모

르겠다. 사람들이 습관적으로 의존하는 방식과는 다른 게 분명하다. 하지만 나는 이 방식이 훨씬 더 효과적인 길임을 깨달았다. 이어지는 페이지에서 새로운 방식의 작동 원리를 설명하고, 내게 도움이 되었던 '놓아주는 행위'의 다양한 접근법을 소개할 것이다. 앞으로 이야기할 모든 접근법은 '놓아주는 행위'를 '받아들이는 행위'와 '그대로 두는 행위'로 재구성하는 것을 바탕으로 한다.

받아들이는 것

'놓아주는 것'의 첫 단계는 '받아들이는 것'이다. 언뜻 들으면 앞뒤가 맞지 않는 조언으로 느낄 수도 있다. 사람은 무언가를 '놓아주는 행위'가 그것을 '없애 버리는 것'이나 '밀어내는 것'이라고 생각하는 경향이 있기 때문이다.

독자 여러분이 누군가에 대한 불만을 내려놓기 위해 애쓰는 상황을 예로 들어 보자. 당신은 어쩌면 상대방이 저지른 잘못이나, 그가 얼마나 끔찍한 인간인지를 떠올리지 않으려고 애쓸 것이다. 돈에 대한 집착을 버리고자 하는 노력은 어떠한가? 재정 상황에 대해 걱정하는 것을 그만두고, 그것과 관계있는 생각을 마음 한구석으로 밀어내려 할 것이다. 하지만 사실은 이와 정반대의 행동을 해야 한다는 것이 바로 이 책의 핵심이다. 특정한 태도나 생각에 대한 집착을 내려놓기 위해서, 우리는 먼저 '붙잡는 경험'을 받아들여야 한다. 돌멩이를 붙잡고 있다는 사실을 인지하지 못한 상태에서 돌멩이를 놓아줄 수는 없지 않은가?

경험을 받아들이는 행위란 인식 깊숙이 그것이 침투하는 것을 허락하고, 주변에서 일어나는 일을 호기심 어린 자세로 관찰하는 것을 의미한다. 신체적인 불편함이나 긴장감을 예로 들어 보자. 어쩌면 여러분은 이미 몸 어딘가가 불편하다는 사실을 인지하고 있을 수도 있으리라. 만약 그렇지 않다면, 이제껏 눈치채지 못했던 불편함이 어딘가에 존재할 수도 있다는 호기심을 가지고 접근해 보자. 그동안 깨닫지 못했던 감각이 드러날 수도 있다. 어쩌면 그 감각은 인식 가장자리에 이전부터 존재해 왔을지도 모른다. 다만 여러분의 주의력이 이 책을 읽는 경험, 혹은 다른 어떤 경험에 집중되어 있는 탓에 미처 눈치채지 못했을 뿐이다. 순수한 호기심은 여러분이 무언가를 놓쳤을 수도 있다는 가능성을 열어 주며, 놓쳤던 것이 인식 범위 안으로 진입할 기회를 준다.

신체 어딘가에서 불편함을 느꼈다면, 이를 받아들이고 어떤 종류의 불편함인지 호기심을 가져 보아라. 신체적 불편함은 긴장감, 근육통, 혹은 압박감 같은 형태로 나타날 수 있다. 그 감각이 얼마나 널리 퍼져 있는가? 국부적인 불편함인가, 아니면 광범위한 불편함인가? 중요한 것은 무언가를 바꾸려 들기보다는, 현실을 향해 인식을 개방하는 것이다.

이 원칙은 차마 마음 깊이 받아들일 수 없을 것 같은 고통스러운 경험에도 적용될 수 있다. 인간은 고통을 외면하는 경향이 있어서, 다른 일을 함으로써 주의를 딴 데로 돌리거나, 진통제에 의존해 고통을 잠재우거나 억누르려 한다. 감각을 고스란히 받아들인다면, 지금보다도 더 고통스러울 것이라는 두려움에서다. 그리고 인간이라면 누구나 고통받는 것을 원하지 않는다.

하지만 고통은 정반대의 해결책을 요구한다. 고통이라는 메커니즘은 본디 생명체가 신체적 손상이나 장애를 인지할 수 있도록 진화했다. 애초에 불쾌하게 느껴지도록 설계된 감각이다. 고통은 인간의 이목을 끄는 외침이며, 신체가 보내는 경보음이다. "이봐요! 뭔가 문제가 생겼어요. 이쪽을 보세요."라고 말이다. 이런 외침을 무시하거나, 거부하거나, 없애려고 하기보다는 고통이 이리도 간절히 요구하는 관심을 기꺼이 내어주자.

경보음에 귀를 기울이고, 순순히 고통을 받아들인다면 — 고통을 받아들이는 위험을 감수한다면 — 처음에는 여러분이 걱정했던 것처럼 고통스러운 감각이 이전보다 커진 것처럼 느껴질 수도 있다. 하지만 감각을 더 깊이 탐구하고, 그것의 정체에 관심을 가지면, 우리가 '고통'이나 '통증'이라고 뭉뚱그려서 꼬리표를 붙였던 감각이 이전보다 뚜렷해짐을 깨닫게 될 것이다. 여러분이 느끼는 것은 어쩌면 날카로운 통증일 수도, 꽉 조이는 통증일 수도 있다. 그게 아니면 압박감이나, 따끔거림이나, 또 다른 어떤 감각일 수도 있을 것이다.

있는 그대로 놓아두는 행위

감각을 받아들였다면, '놓아주는 행위'의 두 번째 단계는 '있는 그대로 놓아두는 행위'이다. 일어난 감각을 변화시키거나, 사라지기를 기원해서는 안 된다. 느껴지는 감각을 있는 그대로 받아들여 보자. 순수하고 호기심 어린 방식으로 여러분의 주의력을 그것들과 함께 머물게 하라. 마치 그런 감각을 처음 느끼는 것처럼 말이다. 감각을 알아 가고, 감각과 친구가 되는 과정이라고 생각해도 좋을 것이다.

그렇게 함으로써, 문제의 감각이 상상했던 것만큼 불쾌하지는 않다는 것 그리고 그런 감각과 함께하는 것이 어쩌면 이전보다 조금은 수월하다는 기분이 들지도 모른다.

어떤 사람은 고통은 피할 수 없다고 말한다. 그 말은 사실일지 모르나, 고통 때문에 괴로움을 느끼는 것에는 분명 선택의 여지가 있다. 고통은 신체적인 감각이다. 하지만 괴로움은 고통에 대한 반감, 즉 고통을 느끼고 싶지 않다는 욕구에서 비롯된다. 상황을 받아들이지 못하고 이상적인 상황을 기대하며 그것에 자신의 견해를 붙들어 두면서 생기는 불편함의 한 꺼풀에 지나지 않는다. 하지만 여러분이 지금 이 순간 느끼는 고통은 진짜이고, 이미 존재한다. 고통을 거부하는 것은 소용이 없다. 이미 느끼는 불편함이 더해질 뿐이다. 고통을 있는 그대로 받아들임으로써, 감각이 있는 그대로 존재하도록 허락함으로써, 여러분은 이전만큼 괴롭지 않다는 사실을 깨닫게 될 것이다.

고통이라는 경험을 받아들이고, 있는 그대로 놓아둠으로써 고통이 때때로 예기치 못한 방식으로 변화한다는 사실을 알 수 있다. 날카로운 감각이 부드러워지거나, 통증이 강해졌다가 희미해질 수도 있다. 감각이 다른 감각으로 대체되거나, 긴장된 근육이 스스로 긴장을 풀 수도 있다.

우리의 몸은 어느 근육이 긴장 상태이며, 그 상태가 어떻게 유지되는지 알고 있다. 어떤 부분을 풀어 줘야 하는지도 여러분의 신체는 이미 알고 있다. 하지만 이런 정보가 대부분 인간의 의식적 마음에는 도달하지 않기 때문에, 정확히 무엇을 어떻게 풀어 줘야 하는지는 알 수 없다. 다만 긴장 상태를 인식하고, 거부하지 않으며, 어떻게 느껴지는지 인지함으로써, 우리 몸이 타고난 지혜를 발휘할 수 있도록 길을 열어 줄 수는 있으리라.

한자리에 오래 앉아 있으면, 견갑골 아래에 통증이 느껴지기 마련이다. 아마도 자세와 관련된 통증이라는 것은 알 수 있지만, 자세를 고쳐 고통을 줄이려고 해도 통증은 계속 일어난다. 의식적 마음은 이 문제를 해결할 수 없다.

하지만 고통을 열린 마음으로 대한다면 — 고통을 받아들이고 있는 그대로 놓아둔다면 — 여러분의 몸이 지닌 천부적인 지혜가 올바른 길을 비춰 줄 것이다. 긴장 상태인지도 몰랐던 근육이 이완되며, 통증을 느끼던 부위가 부드러워지고, 몸은 상황에 재적응한다. 여러분이 달리 뭔가를 할 필요도 없이, 고통은 사라지고 편안함이 돌아올 것이다. 몸이 여러분을 대신해 고통을 내보내는 것이다. 그러니까 여러분의 의식적 마음이 길을 터 주기만 하면 말이다.

워너 어하드(Werner Erhard)는 1970년대 인간 잠재력 훈련 운동의 선구적 프로그램인 〈심신 통일 훈련(Erhard Seminar Training)〉에서 이와 비슷한 과정을 이야기했다. 그는 참가자들에게 특정한 통증의 모양, 크기, 색깔, 감촉을 묘사하라고 말한 뒤, 각각 1에서 10까지 점수를 매기게 했다. 이 과정을 반복하니 참가자들이 느끼는 통증의 강도가 줄어

들었으며, 심지어는 통증이 아예 사라지는 경우도 많았다. 모양, 크기, 색깔, 감촉 따위의 감각적 은유를 사용함으로써, 사람들이 고통이라는 감각에 마음을 열게 된 것이다. 즉, 고통을 받아들이고 있는 그대로 내버려 둔 것이다.

더욱 깊고 장기적인 원인이 있는 고통은 통증이 완전히 사라지지 않을 수도 있다. 하지만 고통과의 관계는 충분히 달라질 수 있으며, 고통을 이겨 내는 것이 이전보다 수월해질 수도 있다. 내가 들은 한 여성의 사례를 살펴보자. 이 여성은 척추를 따라 자라난 기형 뼈 때문에 심각한 고통을 겪고 있었다. 그녀는 명상법을 알기 전까지 몇 년 동안 고통받았는데, 명상법은 그녀가 고통을 둘러싼 긴장을 풀고 있는 그대로 받아들일 수 있게 했다. '받아들이는 행위'는 끔찍한 통증에서 그녀를 어느 정도 해방시켜 주었다고 한다. 고통 자체는 그대로였으나, 그녀와 고통의 관계가 극적으로 변화한 것이다.

이런 접근 방식이 매번 옳다고 주장하려는 것은 아니다. 다른 곳으로 주의를 돌리는 것이 고통에 대한 적절한 해결책인 경우도 분명 있을 테고, 진통제가 꼭 필요한 경우도 있다. 고통의 근원을 밝혀내고, 이를 해결하기 위해 모든 수단을 동원해야 할 때도 분명 있을 것이다.

나는 또한, 명백한 불편함이나 내가 '붙잡는 행위'를 하고 있다고 의심할 이유가 없는 상황에서도 '받아들이는 행위'와

'있는 그대로 놓아두는 행위'가 유용할 수 있음을 깨달았다. 하루는, 잠들기 전에 완벽하게 긴장을 푸는 방법을 찾고 있었다. 침대에 누운 상태에서는 별다른 긴장감이 느껴지지 않을 수도 있다. 나는 분명 겉으로 보기에는 편안한 상태였을 것이다. 나쁜 호기심은 없다는 원칙에서, 어쩌면 내가 마음속 어딘가에서는 여전히 '붙잡는 행위'를 하고 있지 않은지 생각해 보았다. 그래서 앞에서 이야기했던 아내에게 화가 났을 때처럼 스스로에게 열린 질문을 던졌다.

"내가 미처 인지하지 못한 긴장감이 어딘가에 있지는 않을까? 내 몸이 내게 무언가를 알리려 하고 있지는 않은가?"

특정한 목표물을 찾아 나서기보다는 그저 가능성을 열어 두었을 뿐이다. 그리고 무언가가 스스로 정체를 드러내도록 기다렸다.

시간이 흐른 뒤, 나는 몸의 어딘가가 조금 부드러워지는 것을 느꼈다. 그 감각을 계속 인지하고, 부드러워지는 과정이 지속되도록 허락하니, 이미 편안하다고 생각했던 근육의 긴장이 이전보다 더 풀렸다는 사실을 깨달았다. 그다음에는 내 몸이 긴장이 풀리는 것에 발맞춰 스스로 자세를 미세하게 조정했다. 다른 근육들이 뒤따르며, 내 몸은 이전보다 깊은 휴식 상태에 들어갔다.

스스로 깨닫기도 전에 나는 깊은 잠에 빠져들었다.

나는 무엇을 원하는가?

다양한 '놓아주는 방법'을 이야기하기에 앞서, 먼저 '붙잡는 행위'의 뿌리에는 무엇이 있는지 탐구해 보자. 어째서 인간은 자신의 신념, 이론, 판단, 고충, 기분, 이야기 따위에 집착하는 것일까? 어째서 인간은 소유물, 자아상, 행복을 가져다줄 것이라고 믿는 요소에 이다지도 집착하는가?

이 질문에 답하기 위해서 우리는 먼저 다음과 같은 질문을 던져야 한다.

"나는 무엇을 원하는가?"

길을 가는 사람을 아무나 붙잡고 이 질문을 던진다고 가정해 보자. 사람들은 아마 연봉이 더 높은 직장, 지금보다 건강한 신체, 의미 있는 관계, 넓은 집, 즐거운 휴가, 옛 친구와 다시 만나는 것, 자기 자신에게 주는 특별한 선물 같은 답을 내놓을 것이다. 더욱 깊게 파고들어, 어째서 그들이 앞서 언급한 것을 원하는지 물어보자. 그러면 사랑받고 가치를 인정받기 위해서, 안락함을 느끼기 위해서, 더 끈끈한 공동체에 속하기 위해서, 자극받기 위해서 같은 답변이 돌아올 것이다.

그렇다면 이런 것들을 원하는 이유는 또 무엇인가? 이러한 욕구의 바탕에 깔린 동기는 무엇인가? 다양한 답이 존재한다. 쾌락, 행복, 만족, 마음의 평화, 즐거움, 충족, 편안함. 공통된 테마가 보이지 않는가? 사람들의 답변은 일제히, '지금보다 나은 심리 상태'를 가리키고 있다.

이것이 인간 욕구의 바탕에 깔린 근본적인 추진력이다. 인간은 안전을 원한다. 안전은 기분을 좋게 만들어 주니까. 인간은 신체적인 안락함을 원한다. 그래야 느긋하게 긴장을 풀 수 있으니까. 인간은 정신적인 자극과 감정적인 양분을 원한다. 긍정적인 자아상을 가지거나, 타인이 우리를 인정할 때 인간은 행복을 느낀다. 사랑하고 사랑받는 것은 기분 좋은 일이니까.

만족감이 반드시 즉각적일 필요는 없다. 사람들은 대부분 치과를 좋아하지 않지만, 미래에 더 심한 고통을 겪는 것을 방지하기 위해 싫어하는 곳을 방문한다. 인간은 또한 타인을 돕기 위해 자신의 이득을 포기하기도 한다. 그렇게 하는 쪽이 더 기분이 좋으니까. 심지어 고통을 즐긴다는 마조히스트마저도, 스스로 고통을 주는 행위에 만족감을 얻기 때문에 그렇게 하는 것이다.

이것이 인간의 욕구가 추구하는 핵심이다. 우리는 더 나은 심리 상태를 원한다.

핵심적인 욕구라고 했을 때, 사람들은 보통 돈을 떠올린다. 내가 이 일을 하면 얼마만큼의 수익이 생기고, 얼마만큼의 비용을 쓰게 될까? 인간은 자주 이런 고민을 하지만, 돈은 궁극적인 목표가 아니다. 단지 인간이 자신을 행복하게 만들어 줄 것이라고 믿는 물건, 기회, 경험 등을 얻을 수 있는 수단에 불과하다. 인간의 모든 결정을 좌우하는 근본적인 조건 — 의식적이든 무의식적이든 — 은 다음과 같다.

"이렇게 하면 내 기분이 나아질까? 나는 지금보다 더 행복하고, 더 만족스럽고, 더 편안해질 수 있을까?"

여러분 스스로는 외부적인 목표를 추구한다고 생각할 수도 있다. 하지만 실제로는, 어떤 방식이든 내적으로 더 나은 기분이 되기 위해 그런 목표를 좇는 것이다.

언젠가 달라이 라마가 말하지 않았던가?

"궁극적인 해답은, 만인의 희망이 다만 마음의 평화라는 사실이다."

자연적인 정신으로 돌아가기

인간이 추구하는 것이 단지 행복이라고 말했을 때 어쩌면 쾌락주의적 발언으로 들릴지도 모르겠다. 하지만 행복을 좇는 것은 생물학적으로 생존하기 위한 자기중심주의로써, 완벽히 자연스러운 현상이다.

신변의 안전에 즉각적인 위협이 없을 때, 욕구가 충족되고 걱정할 게 없을 때, 인간은 긴장을 풀고 편안해진다. 이것이 바로 흐트러지지 않은, 불평과 욕망과 걱정으로 더럽혀지지 않은 자연스러운 상태다. 이 상태를 '자연적인 정신'이라고 하자.

'자연적'이라는 표현은 '정상적'을 의미하지 않는다. '정상'은 표준이나 평균을 의미한다. '정상적인 심리'란 인간 대부분이 거의 언제나 느끼는 상태인데, 절대다수의 사람들에게 이는 긴장을 푼 편안한 상태는 아니다. 내가 다루고자 하는 것은, 욕망과 두려움에 더럽혀지기 이전의 정신 상태이다. 위협을 받거나, 걱정하지 않을 때의 기분 말이다. 단순하게 말하자면, 살면서 세상에 문제가 없다고 느낄 때 여러분은 정신적으로 '문제없는' 상태에 놓여 있다고 볼 수 있다.

하지만 욕망이나 위협이 등장하면 자연적인 정신의 만족감은 불만이라는 감각으로 바뀐다. 예를 들어, 추위나 배고픔은 그다지 유쾌하지 않은 감각이다. 엄청나게 춥거나 배고플 때 인간은 고통을 느낀다. 당연한 일이기도 하다. 위험한 상황에서 편안함을 느낀다면 생존에 위협이 되기 때문이다.

불편함, 고통, 괴로움은 본질적으로 불쾌한 경험이다. 이런 경험은 여러분의 주의를 끌며, 해결해야 하는 문제가 발생했다는 외침이다. 그래서 인간은 추우면 불 가까이에서 몸을 데우고, 배고플 때는 무언가를 먹게 된다. 욕구가 충족되거나 위기가 물러갔을 때, 인간의 심리는 비로소 자연적인 만족의 상태로 돌아간다. 모든 것이 정상화되는 것이다.

이 두 상태를 번갈아 가며 겪는 것이 정상적이라고 볼 수 있을 것이다. 자연적인 정신의 개방적이고 편안한 의식 사이사이를 즉각적인 욕구와 위협에서 비롯된 불만족스러운 순간이 채운다. 그렇다면 하루 중 대부분을 '만족' 상태에서 보내는 것이 가장 이상적인 시나리오일 것이다.

인간이 아닌 동물은 이를 쉽게 해낸다. 할 일이 없는 개는 자리에 앉아 흘러가는 세상을 관망하며, 관심을 끄는 소리가 들리면 귀를 쫑긋한다. 그리고 문제가 없다면 도로 느긋하게 쉬는 상태로 돌아갈 것이다. 하지만 인간은 다르다. 하루의 대부분을 만족스럽지 않은 상태에서 지낸다는 점에서, 인간은 대부분의 생물과는 차이가 있다.

어째서 그런 걸까? 왜 우리는 좀처럼 만족하지 않는 것일까? 만물에 대한 지식 그리고 세상을 제 입맛에 맞춰 바꿀 수 있는 기술을 갖춘 인류는 진즉에 대부분의 욕구를 충족시키고, 대부분의 잠재적인 위협을 제거했어야 하지 않았을까? 집에서 키우는 개나 고양이보다는 인간이 더 큰 만족을 누려야 하는 게 아닐까?

대체 어디서부터 잘못된 걸까?

혁신적인 종

더 편리한 세상을 창조하는 인류 고유의 능력은, 세 가지 종류의 주요한 진화적 발달에서 기원한다.

고작 수백만 년, 진화의 기준에서 보면 한순간에 불과한 시간 동안 인류 조상의 뇌 크기는 세 배로 불어났다. 계획, 의사 결정, 사회적 의식을 담당하는 분야가 빠르게 확장되었으며, 인지와 언어 처리를 담당하는 분야도 마찬가지였다.

얼굴 근육과 후두 역시 변화해서, 말을 하는 데 필요한 복잡한 소리도 낼 수 있게 되었다. 모든 동물은 경험을 통해 새로운 것을 배우지만, 말이라는 수단을 통해 인간은 자신의 경험뿐만 아니라 타인의 경험에서도 배움을 얻을 수 있게 되었다. 보고, 듣고, 발견한 것을 서로에게 알리면서 인간은 개인의 것보다 훨씬 큰 집단 지식을 쌓을 수 있었다.

말이라는 수단은, 서로 대화하는 것은 물론이고 스스로에게도 말을 걸 수 있게 했다. 이것이 우리가 흔히 '생각한다'고 말하는 행위의 정수이다. 생각은 사람이 경험에서 패턴을 인지하고, 개념을 구상하며, 일반화할 수 있게 한다. 인간은 이성을 활용하여 세상을 이해하고, 어떻게 행동할 것인지 결정하여 사전에 계획을 세울 수 있다.

하지만 이런 것들이 쓸모 있으려면, 계획을 행동으로 옮기는 능력이 필요하다. 여기에서 또 다른 인간 고유의 특성이 등장한다. 바로 손이다. 조금 더 정확히 말하자면, 엄지이다. 마주 보는 엄지를 갖추게 되면서 인간의 손은 우아하고 쓸모가 많은, 세상을 바꿔 놓을 수 있는 도구로 탈바꿈했다.

사물을 변화시키는 힘과 점점 커지는 지식 체계에 생각하고 추론하고 선택하는 능력을 더해, 어머니 지구라는 찰흙을 다양하고 새로운 형태로 주무를 수 있는 생명체가 등장한 것이다.

인간은 돌의 가장자리를 깎아 내는 법을 배워, 도끼와 칼과 창끝을 얻었다. 주거지와 옷을 만들었다. 불을 길들여 따뜻하게 지낼 수 있었고, 음식을 만들었으며, 금속을 제련했다. 농업을 개발했고, 씨앗을 심었으며, 땅을 관개했다. 바퀴를 발명했고, 새로운 교통수단과 에너지원, 물질을 만들어 냈다. 그리고 앞서 언급한 모든 것을 가능케 하는 도구를 점점 더 발달시켰다. 인류는 자신의 손이 지닌 잠재력을 증폭시켜, 과거 조상들은 상상조차 할 수 없는, 세상을 바꿀 수 있는 기술을 만들어 냈다.

마주 보는 엄지는 또 다른 어마어마한 중요성을 가지고 있었는데, 바로 글쓰기이다. 글을 쓸 수 있게 된 덕에 인류는 시간의 흐름에 따라 축적되는 엄청난 지식을 기록할 수 있었다. 그리고 단지 글을 쓰는 것에서 멈추지 않고 인쇄술, 전화기, 라디오, 텔레비전, 컴퓨터 그리고 인터넷까지 발전시켜 나갔다.

이 모든 발전의 근간에는 되풀이되는 주제가 있다. 인간은 더 오래, 더 건강하게 사는 것을 욕망한다. 고통과 괴로움을 줄이고, 스스로 안전하다고 느끼는 세상을 추구하며, 안락감과 만족감을 원한다. 인간은 행복해지고 싶어 한다. 스스로 인지하지 못하더라도 우리는 내내 '자연적 정신'으로 회귀할 방법을 찾아 헤매고 있는 것이다. 하지만 인류가 찬란한 발전을 이루어 냈는데도, 소원했던 것처럼 일이 잘 풀리지는 않았다. 선진국 시민들은 과연 브라질의 열대우림에 사는 야노마미족이나 안다만제도의 센티널족(이 두 문화는 최근까지 현대 문명에 거의 오염되지 않은 상태를 유지하고 있다)보다 행복할까?

오늘날의 인간은 과연 50년 전의 인간보다 행복할까? 1955년의 연구에 따르면, 당시 미국 성인 인구 중 3분의 1이 행복한 삶을 살고 있었다. 35년 뒤 같은 연구를 반복했을 때, 삶에 만족한다는 사람의 수는 바뀌지 않았다. 그간 미국의 1인당 생산성과 소비가 두 배로 뛰었는데도 말이다.

그렇다면, 어째서 이 모든 발전을 거친 뒤에도 인간은 행복하지 않은 것일까? 답은 인간의 창의력을 구성하는 또 하나의 필수 요소에 있다. 바로 상상력이다.

상상 속 현실

'상상(imagination)'이라는 단어는 문자 그대로 '이미지(image)'를 마음속으로 만들어 내는 능력을 말한다. 이는 시각적 이미지뿐만 아니라 다른 감각(소리, 냄새, 맛, 감촉, 느낌)도 포함한다. 생각 역시 마음속에 등장하는 요소 가운데 하나인데, 인간의 생각은 대체로 형체 없는 목소리나 자기 자신과 나누는 대화의 형태를 띠고 있다.

생각은 또 다른 정신적 이미지를 불러일으키기도 한다. 예를 들어, '석양'이라는 개념을 떠올릴 때면, 머릿속으로 석양의 이미지가 함께 떠오르기 마련이다. 베토벤 교향곡 5번이나, 'All You Need Is Love'의 후렴구나, 다른 익숙한 곡 무엇이든, 노래의 제목을 떠올리는 순간 선율이 머릿속에 재생

되고는 한다. 심지어 불가능한(아니면 가능성이 매우 낮은) 것, 예를 들어 분홍색 코끼리나 일본어로 말하는 사막의 혹등고래 따위를 상상하는 것도 가능하다.

생각은 인간과 시간 사이의 관계를 확장했다. 인간은 과거(예를 들어 지난주에 한 일)를 떠올리면서 다양한 기억을 불러낼 수 있다. 상상 속에서 인간은 지나온 삶을 다시 겪으면서 배움을 얻고, 기뻐하고, 비통해한다. 인간은 또한 과거의 사람과 사건을 상상할 수 있다. 시간을 거슬러 올라가 이전 세대와 먼 조상까지 되짚을 수 있다. 심지어는 생명 그 자체, 혹은 우주가 어떻게 시작되었을지 상상하는 것도 가능하다.

인간은 또한 미래를 떠올릴 수 있어서 저녁 식사 메뉴나 내일 갈 곳이나 다음 휴가를 상상할 수도 있다. 미래에 일어날 일을 예측하여 사전에 계획하고, 수년간 일어나지 않을지도 모를 상황에 대해서도 결정을 내릴 수 있다. 심지어 인간이 사라진 뒤 세상이 어떤 곳이 될지도 상상하는 것이 가능하다.

상상력은 현실에 또 다른 차원을 더해 준다. 인간이 겪는 주된 현실은 즉각적인 감각적 경험이다. 우리가 현재 보고, 듣고, 맛을 보고, 냄새를 맡고, 만지고, 느끼는 것 말이다. 상상의 세계 다시 말해 생각, 기억, 미래의 가능성 따위는 모두 부차적인 평행 현실에 존재한다.

상상을 '현실'이라고 칭하는 것이 당장은 이상하게 느껴질지도 모른다. 사람은 물리적 현실이 '진짜'이고, 마음속에서 일어나는 일은 '가짜'라고 생각하는 경향이 있다. 감각으로 이루어진 객관적 현실은 누구나 관찰할 수 있고, 대체로 동의할 수 있다는 측면에서 이런 생각은 맞는 면이 있다. 상상은 주관적이고 사적이며, 그런 의미에서 우리가 "저 바깥세상"에서 관찰할 수 있는 실제 세상의 일부라고 볼 수는 없다.

하지만 주관적 경험이라도 그 당사자에게는 매우 사실적이다. 밤중에 꾸는 꿈은 그 순간만큼은 분명 현실이다. 꿈은 분명 현재의 감각적 경험보다는 기억을 통해 만들어지며, 무의식적인 욕망과 동기에 좌우된다. 하지만 꿈은 우리를 두려움에 빠지게 하거나, 흥분시키기도 하고, 심박수를 올릴 수도 있고, 땀을 흘리게도 만든다. 어린 시절의 추억이나 미래의 휴가를 상상하며 떠올리는 이미지도 '진짜' 경험이다. 생각 역시 마찬가지여서 비록 마음속에만 존재하더라도 부정할 수 없는 현실이다.

이 두 가지 현실 — 현재의 경험과 상상 속 세계 — 은 공존할 수 있으며, 하루 중 대부분 공존한다. 예를 들어, 덤불에 핀 꽃봉오리를 볼 때 마음속으로 꽃의 이름을 기억해 내고, 봉오리가 피어나면 어떤 모양을 하고 있을지 상상할 수 있다. 아니면 운전하는 중 멀찍이서 붐비는 도로를 보고 우회할 만한 다른 길을 떠올릴 수도 있다.

이중 현실을 살아가는 능력은 인간의 본질이며, 상상력과 혁신에 필수적인 역할을 한다. 바퀴부터 인터넷까지, 인류가 창조한 모든 것은 누군가의 상상에서 시작되었다.

혁신(말 그대로 "무언가 새로운 것을 만들어 냄")은 마음속 통찰력, 아이디어 혹은 이미지에서 시작된다. 상상 속에서 인간은 자신이 처한 상황을 파악하며, 여러 가능성을 검토해 대안을 선택하고, 다음 단계를 계획한다. 그리고 행동 방침을 결정했을 때 인간은 비로소 '새로운 무언가'를 세상에 불러온다.

하지만 상상에는 비용이 있다. 상상은 너무나도 매혹적이어서 현재의 경험을 퇴색시킬 수 있다. 처음에는 작은 생각의 풍선으로 시작할 것이다. 내일 날씨를 예측하는 상황을 가정해 보자. 어쩌면 여러분은 비가 올 것이라는 일기예보를 들은 기억을 떠올릴 것이다. 그다음에는 나중에 가야 할 곳과 그곳의 상황을 상상하게 된다. 무엇을 가져가야 할까? 목적지에 도착하면 어떤 기분이 들까? 계획을 바꿔야 하지는 않을까? 잠깐 동안에 무해했던 작은 생각의 풍선은 완전히 부풀어서 대체 현실이 된다. 여러분의 주의 집중은 내일의 세계에 흡수되어 현재의 순간은 한 발자국 뒤로 물러난다.

말 그대로 생각에 잠기는 것이다. 상상 속 세계에 심취한 상태에서 여러분은 현재의 자신을 인지할 수 없다.

상황을 더 악화시키는 것은, 인간의 상상 속 현실은 흔히 불필요하고 달갑지 않은 감정을 불러일으킨다는 점이다. 상상을 통해 인간은 잠재적인 불운을 두려워한다. 과연 옳은 선택을 할 수 있을지 걱정하거나, 직접 통제할 수 없는 상황에 집착한다.

마크 트웨인은 이런 유명한 말을 남겼다.

"나는 노인이다. 살아오면서 수많은 고민을 했다. 하지만 대부분의 고민은 실현되지 않았다."

감정의 해체

'감정'이라는 의미의 영단어 'emotion'은 라틴어 'emovere'에서 유래되었는데, 이는 "밖으로 옮기다"라는 뜻을 가지고 있다. 이 단어는 본디 불안이나 마음의 동요를 가리키는 데 쓰였다. 분노는 마음의 동요이며 슬픔, 답답함, 우울, 흥분, 욕망 역시 마찬가지다. 이런 감정은 인간의 마음을 동요시키며, 그를 안락한 자연적 상태에서 끌어내린다.

감정은 또 다른 측면에서 "밖으로 옮기다"라는 의미를 갖는다. 감정이란 대부분 행동을 촉구하는 목소리에서 비롯된다. 분노에서 비롯된 싸우고자 하는 욕구이든, 두려움에서 비롯된 후퇴의 욕구이든, 성적 매력에서 비롯된 교합의 충동이든, 감정은 행동을 요구하며 어떻게든 외부로 드러나기를 원한다. 심지어 우울, 슬픔, 부끄러움 같은 감정에 뒤따르는 깊숙이 숨고자 하는 욕구마저 '행동'의 하나로 볼 수 있다.

행동하고자 하는 충동이 일어나면, 뇌는 관련 근육으로 신호를 보내 행동할 준비를 한다. 분노를 느낄 때 인간은 주먹을 꽉 쥐거나 이를 갈고는 한다. 공포심을 느낄 때는 도망갈 준비를 함으로써 몸에서 떨리는 감각을 느낄 수 있다. 수치심 같은 경우에는, 숨고자 하는 충동을 느낄 수도 있다.

인간은 사회화된 동물이기 때문에 이러한 충동을 실행에 옮기는 경우는 많지 않다. 위협을 받으면 상대방을 물려고 들거나 고양이를 보자마자 뒤를 쫓으려는 개와는 달리, 인간은 대부분 참는 쪽을 택한다. 이는 물론 사회적으로는 좋은 현상이다. 사회화 과정이 없었더라면 인간은 기회가 생길 때마다 싸우고, 도망가고, 사랑을 나눴을 테니까 말이다.

하지만 절제에는 해로운 측면도 있다. 행동하고자 하는 욕망이 실현되지 않을 때 인간의 몸은 욕망의 계기가 사라진 뒤에도 한참이나 준비 상태에 머무르는데, 이는 긴장의 찌꺼기를 남긴다. 그리고 현재의 감정적 반응이 완화되기 전에 새로운 반응이 일어난다면, 긴장이 쌓이면서 불안으로 이어질 수 있다.

행동을 준비하는 몸의 반응과 함께, 미묘한 느낌이 일어나는 경우도 있다. 내가 이런 감정을 '미묘하다'고 하는 것은 그 느낌을 일으키는 요소가 몸에는 실제로 존재하지 않는데도(혹은 그런 요소가 아주 적은데도), 실제 존재하는 것처럼 느낄 수 있기 때문이다. '가슴이 무겁다'는 표현을 예로 들어 보자. 실제로 그 부위에 무언가가 존재하는 것은 아니다(다시 말해, 여러분의 가슴을 아래로 잡아끄는 물리적인 추는 없다). 하지만 그런 느낌은 분명 실존한다. 공포의 경우 한 걸음 뒤로 물러나고자 하는 느낌, 욕망의 경우 앞으로 몸을 내밀거나 손을 뻗고자 하는 느낌일 수도 있다. 아니면 슬픔에 뒤따르는 공허감이라거나. 이런 감각은 실제 몸의 많은 부분에서 느낄 수 있다. 다만 실제보다 미묘한 수준에 머무를 뿐이다.

모든 감정은 어떤 종류의 육체적 느낌(실제든, 미묘한 종류든)을 수반한다. 그러므로 '느낌'이라는 단어가 몸의 감각과 감정적인 감각 양쪽을 가리키는 것도 우연은 아니다.

하지만 감정은 단순한 '느낌'과는 다르다. 감정은 거의 언제나 특정한 이야기를 동반한다. 여기서 '이야기'란, 지금 일어나거나 나중에 일어날 수도 있을 일에 관해 인간이 자기 자신에게 들려주는 이야기를 의미한다.

여러분이 누군가에게 화가 난 상황을 가정해 보자. 분명 상대방이 어떻게 당신의 계획을 훼방 놓거나 손해를 끼쳤는지에 대한 이야기가 머릿속에 존재할 것이다.

두려움도 마찬가지다. 여러분은 어쩌면, 회사 안의 정치에 능숙해지지 못하면 실직할지도 모른다는 이야기를 스스로 속삭이고 있을 수도 있다. 그리고 거기에 청구서가 밀리는 것, 집을 잃는 것, 길바닥에 나앉는 것……, 같은 상상이 뒤따른다.

'이야기'란 반드시 부정적일 필요는 없다. 누군가에게 낭만적으로 끌리는 상황에서, 이 사람이 얼마나 완벽한지 스스로 되뇌는 것도 '이야기'에 속한다. 그 사람은 외모가 준수하고 명석하며, 심지어 유머러스하기까지 하다! 그는 당신의 필요를 충족시키며, 당신의 삶을 장밋빛으로 만들어 줄 게 분명하다!, 라고.

이야기가 따르지 않는 감정은 흔치 않다. 과거나 미래에 대해 생각하지 않는 상태에서(스스로에게 이야기를 들려주지 않는 상태에서) 분노하거나, 슬퍼하거나, 질투하거나, 창피해하거나, 흥분하거나, 감동하거나, 또 다른 어떤 감정을 느끼려 해 보자. 불가능하지 않은가? 이야기 없이는 감정 역시 존재할 수 없다.

감정은 '현재의 경험'이라는 일차적 현실(혹은 실제의 미묘한 느낌)과 '상상'이라는 이차적 현실(자기 자신에게 들려주는 이야기)에 각각 발을 걸치고 있다. 이 둘이 뒤얽혀 우리가 '감정'이라 칭하는 경험을 구성한다. 이는 비유하자면 붉은색 실과 흰색 실로 이루어진 털실 공과 같다. 어느 정도 떨어진

거리에서는 털실이 분홍색으로 보이겠지만, 가까이에서 살펴보면 두 가지 색의 실로 이루어져 있음을 확인할 수 있다.

감정의 이러한 두 면모 — 우리가 느끼는 감각과 마음속 이야기 — 는 서로를 증폭시키는데, 그 덕택에 감정이 더 강렬하게 그리고 필요 이상으로 길게 유지되는 경우가 있다. 내게 손해를 끼친 누군가를 떠올려 보자. 분노가 섞인 생각이 따라올 것이다. 여러분의 뇌는 물리적 세계에서 비롯된 경험과 상상 속 경험을 구분하지 못한다. 뇌가 공격할 태세를 갖추면 공격과 연관된 신체적 감각이 일어난다. 이런 느낌은 사람이 자기 자신에게 들려주는 이야기를 더 강화시키기도 한다. 같은 이야기를 반복해서 들려줌으로써 더 많은 감각이 일어나는 것이다. '느낌'과 '이야기'는 서로를 부채질하며, 어떤 감정이 적절한 순간을 넘어서서 한참 동안 지속되게 한다.

감정은 일차적 그리고 이차적 현실을 이으면서 인간에게 큰 영향을 미친다. 이것이 바로 감정을 놓아주는 것이 어려운 이유다. 감정에서 도망치는 것은 불가능하다. 스스로 마음속으로 후퇴하더라도 이야기는 여전히 거기에 있다. 현재의 경험으로 돌아와도 감정은 여전히 거기에 있다.

그렇다면, 이야기와 감정을 놓아주기 위해서는 어떻게 해야 하는가?

감정을 놓아주는 것

사람은 누구나 때때로 불쾌한 감정을 느낀다. 신체적인 불편함과 마찬가지로 불쾌한 감정에 대한 첫 반응은 감정을 제대로 느끼지 못하게 회피하는 것이다. 당연한 일이다. 굳이 싫은 감정을 느껴야 할 이유가 있는가?

의식적으로든 아니든, 사람은 자신이 느끼는 분노를 받아들였다가 결과적으로 상사나 배우자에게 화풀이하는 등, 나중에 후회할 일을 벌이지 않을까 두려워한다. 그게 아니면, 공공장소에서 울음을 터뜨리는 것이 두려워서 슬픔을 느끼는 것을 꺼릴 수도 있다. 남들이 나를 어떻게 생각할까 염려하여 우울함을 느낀다는 사실 자체를 인정하지 않을 수도 있다. 그것도 아니면, 곤란한 감정이 큰 영향력을 발휘할 수 없도록 마음 한구석으로 밀어내거나, 감정을 무디게 만들거나 감추기 위해 약을 먹거나, 감정이 다가오지 못하도록 다른 활동에 몰입할 수도 있다. 또는 많은 사람이 그렇듯이 감정의 존재 자체를 인정하지 않을 수도 있다.

따라서 감정을 놓아주는 것의 첫 단계는 감정을 받아들이는 것이다. 몇 년 전, 내가 명상 모임을 진행하고 있는 방에 어떤 사람이 우연히 들어온 일이 있었다. 원래는 다른 수업에 참석할 예정이었는데, 날짜를 잘못 알았던 것이다. 전후 사정이야 어찌 되었든 그는 명상에 참여하기로 했다. 수업을 하는 동안, 그는 자신이 몇 달 전에 가까운 가족을 잃었으며, 그 때문에 얼마나 많은 슬픔을 느끼는지 밝혔다. 많은 노력을 했지만 도저히 슬픔을 극복할 수 없다고 했다. 나는 그에게 슬픔을 없애려고 하기보다는 그 감정에 자신을 드러내 슬픔과 연관된 몸의 느낌에 주목해 보라고 제안했다.

다음 명상 시간에 그는 여러 가지 느낌(가슴의 묵직함, 배속이 똘똘 뭉친 것 같은 답답함, 눈물이 그렁그렁 차오르는 기분)을 포착했고, 그 느낌이 자신의 인식 범위에 들어오도록 내버려 두었다. 느낌을 받아들이고, 있는 그대로 놓아둔 것이다. 그렇게 하면서 그는 점점 큰 안도감을 느꼈다. 명상이 끝날 무렵, 그는 마음에 품고 있던 짐이 비교적 가벼워졌으며 이전보다 훨씬 편안한 기분이 되었다고 털어놓았다. 겉으로 보기에도 그는 훨씬 편해진 것 같았다.

나는 특별한 이유 없이 무기력할 때마다 이 원칙을 적용한다. 무기력한 기분이란 보통 하루 이틀쯤 지나면 알아서 사라지기 마련이지만, 어쨌든 지속되는 동안에는 그 기분을 받아들이지 않고 거부하게 된다. 기운 없이 지내는 것 자체가 시간 낭비처럼 느껴졌다. 그런 기분에서 자유로워지고 정상으로 돌아가서 원래 내 삶을 되찾고 싶었다.

한번은 이런 일이 있었다. 나는 시골집 창밖의 숲을 내다보고 있었는데, 글이 도저히 써지지 않아서 상심한 상태였다. 무슨 이유에서인지 — 어쩌면 직감이었을 수도 있겠다 — 나는 지금 경험하고 있는 것을 거부하는 대신, 그것의 정체에 관심을 가져 보기로 했다. 느껴지던 다양한 기분을 탐구해 봤더니, 전반적으로 나태한 감각이 존재했다. 머릿속은 무거웠고 정신은 둔했다. 마음을 더 연 뒤에야, 내가 진정으로 원하는 것은 아무것도 하지 않는 것임을 깨달을 수 있었다.

그래서 나는 기분을 바꾸려고 하기보다는 그냥 내키는 대로 행동하기로 했다. 바로 그 순간 내가 원하는 것은 창문 바깥을 내다보며 아무것도 하지 않는 것이었다. 이제는 그래도 괜찮을 것 같았다. 두 시간 뒤, 나는 원래의 나 자신으로 돌아와 있었다. 불편함에 저항하는 것을 그만두고, 그 감각이 마땅히 필요로 하는 것에 관심을 쏟으며, 감각이 요구하는 바를 따른 결과, 긴장이 사라진 것이다.

가끔은 불편한 감각이 존재할 뿐, 정확히 무엇을 느끼고 있는지 알 수 없을 때가 있다. 이때는 잠시 하던 일을 멈추고 몸에 귀를 기울이는 것이 도움이 될 수도 있다. 이전에는 미처 인지하지 못했던 감정이 나타날 수도 있을 것이다.

아니면 '감정적인 반응'에 지나치게 매몰된 탓에, 진정한 '느낌'이 가려질 수도 있다. 여러분에게는 이 표현이 역설적으로 들릴 수도 있을 것이다. '감정'이란 어느 정도는 '느낌'에 해당하니까 말이다. 다음의 예시에서, 내가 말하고자 하는 바를 가장 잘 설명할 수 있을 것 같다.

최근에 참석했던 회의에서 일어난 일이다. 나는 몇몇 참가자가 회의 주제에 집중하지 않고 사적인 이야기를 늘어놓는 모습에 짜증을 느꼈다. 한참 그들에게 불만을 토로하고 있는데, 문득 가슴에서 동요와 떨림이 느껴졌다. 나는 순간, 내가 느꼈던 감정이 짜증이 아니라, 다른 사람의 말을 끊는 것에 대한 불안감이었다는 사실을 깨달았다. 나는 이 '짜증'이라는 느낌을 하나의 감정으로 해석했다. 하지만 실제로는, 내가 느낀 짜증은 스스로 꾸며 낸 이야기에 불과했다. 실제로는 사적인 이야기를 늘어놓는 참가자의 말을 끊는 것이 불안했을 따름인데, 진짜라고 착각한 불만을 토로하느라 바빠 이를 미처 인식하지 못한 것이다.

이야기를 놓아주는 것

감정을 놓아주는 것의 또 다른 측면은, 감정의 배경이 되는 이야기를 놓아주는 것이다. 이번에도 역시나 첫 단계는 일단 이야기를 받아들이고, 우리가 스스로 뭐라고 되뇌고 있는지 알아차리는 것이다. 생각만큼 쉬운 일은 아니다. 인간은 어떤 사건에 대한 자신의 시각이 주관적인 해석이 아니라 절대적인 진실이라고 여기는 경향이 있기 때문이다.

이상적인 출발점은, 일단 하던 일을 멈추고 내 믿음이 진실인지 탐구해 보는 것이다. 내 믿음은 하나의 이야기로 이어지게 스스로 만들어 낸 것일 수도 있다는 가능성을 열어 두자. 한 발자국 뒤로 물러서서 주관적 해석에 의문을 제기하고, 대안이 존재할 수도 있다는 가능성을 열어 두는 것이다.

누군가에게 화가 난 상태를 예로 들어 보자. 여러분은 자기 자신에게 다음과 같은 질문을 던져 볼 수 있을 것이다. 내가 지닌 어떤 믿음이 상대방이 틀렸다고 말하고 있는가? 나는 이 사람이 어떻게 행동해야 한다고 생각하는가? 그런 행동을 했다는 이유로 나는 이 사람을 어떻게 재단하고 있는가?

만약 상대방이 나라면 지금과 똑같이 비난할지 스스로 물어보는 것도 도움이 된다. 누군가가 내게 화를 내는 상황에서, 나는 그의 분노가 정당하다고 느끼는가? 만약 상대방이 나라는 사람을 그리고 내 행동의 이유를 알았더라면, 지금처럼 분노했을까?

상대방의 처지에서 무엇이 그렇게 행동하게 했는지 고려해 보자. 그는 당신을 어떤 시선으로 보고 있었는가? 마음에 걸리는 외부적인 일이 있지는 않았을까? 과거의 어떤 사건이 이런 행동을 불러일으키지는 않았을까?

상대방의 시선에 더 깊게 들어갈수록, 그의 행동도 더 잘 이해할 수 있다. 만약 타인을 완전히 이해할 수 있다면 그들의 행동이 완벽하게 정당했다는 것을 깨달을 수 있을 것이다. 그들이 처한 상황과 그들이 과거에 겪었던 모든 일을 고려할 수 있다면 말이다. 타인이 특정한 방식으로 행동해서는 안 된다는 믿음 역시, 우리가 스스로 들려주는 이야기의 하나에 불과하다.

이야기를 붙잡아 두는 것은 더 많은 고통과 불만을 만들어 낼 뿐이다. 최근에 이웃집에 갔을 때 이웃의 친구가 찾아온 적이 있다. 이웃의 친구는 오자마자 이렇게 말했다.

"그때 그 사람이 나한테 저지른 일을 아직도 용서할 수 없어."

문제의 사건이 무려 6개월 전에 일어났는데도 그는 여전히 분노와 억울함을 느끼는 상태였다. 과거에 일어난 사건에 대해 스스로 되뇌고 있는 이야기를 끝내 놓아주지 못한 상태였고, 이는 부정적인 감정을 일으켰으며, 문제의 원인인 이야기가 더 강화되었다.

이웃은 친구에게 단순히 말했다.

"어머, 그것참 안됐네요. 속상하겠어요."

'네가 아직 그 사건을 극복하지 못했다니, 거참 안됐다.' 라는 소리였다.

불만을 실제 사건보다 오래 붙들어 두고 있으면, 상처 입는 사람은 나 자신뿐이다. 부처가 한 발언이라고 알려진 말을 되새겨 보자. 불만을 품는다는 것은, 독약을 마시며 상대방이 죽기를 바라는 것이나 다름없다.

여러분이 언젠가 내 이웃의 친구와 같은 상황에 부닥칠 때를 대비해 이렇게 조언하고 싶다. '놓아주는 것'의 첫 단계는, 스스로 만들어 내는 고통을 똑바로 인지하는 것이다. 뜨

거운 석탄 조각을 집어 든 상황을 가정해 보자. 고통을 느끼는 순간 여러분은 당연히 석탄을 내려놓을 것이다. 마찬가지로 실제 사건이 일어나고 한참 지난 뒤에도 상대방을 재단하고 그에 대한 불만을 붙들어 두고 있다면, 여러분 스스로 치르고 있는 대가 — 감정적 고통, 긴장, 불안 — 를 인지하자. 이런 대가를 인지하면 할수록, 스스로 내면 깊숙이 파고들어 지금 무슨 일이 벌어지고 있는지, 놓아줄 방법은 없을지 고민해 볼 의지가 생길 것이다.

감정은 현재보다는 과거와 더 깊은 연관이 있는 경우가 많다. 친구가 내게 마땅한 관심을 보이지 않거나 내 외모를 비하한다면 과거에 겪은 고통스러운 경험이 재발할 수 있으며, 이는 현재 기준에서는 지나쳐 보이는 반응을 불러일으킬 수 있다. 어쩌면 여러분은 어린 시절 남들이 자신을 무시한다고 느꼈거나, 타인의 시선을 지나치게 걱정하는 부모 밑에서 자랐을 수도 있을 것이다. 이런 상황에서 자동 반사적인 반응은 씩씩대며 자리를 박차고 나가거나, 비난으로 맞대응하는 것이다. 그게 아니라면 엉뚱한 반려견을 붙잡고 욕을 하거나 충동적으로 음식을 먹는 등, 언뜻 보기에는 실제 사건과 무관한 방식으로 감정을 해소하려 들 수도 있을 것이다.

이런 부당한 반응을 감지하면, 일단 멈춰 서서 심호흡을 하고 지금 느끼는 감정을 검토하자. 자기 자신의 이야기보다는 지금 몸에서 일어나는 현상에 집중하는 것이다. 특별히 조이는 곳이나, 긴장이나 불편함이 느껴지는 곳에 주의를 기울이고, 화풀이하고자 하는 충동을 세심히 살피자. 이런 느낌은 제자리에 놓아둘수록 점점 부드러워지고 눈에 띄지 않게 된다는 사실을 깨달을 수도 있을 것이다.

조금 진정이 된 것 같으면, 스스로 되뇌고 있던 이야기가 있지는 않은지 살펴보자. 이야기는 물론 일정 부분 사실일 수도 있다. 하지만 여러분은 거기에 얼마만큼의 살을 덧붙였는가? 과거에 겪은 일이 오늘 내 반응을 끌어내지는 않았는가? 어쩌면 해결이나 치유를 위해 꼭 탐구해야 하는 문제를 발견할 수 있을지도 모른다. 어쩌면 당신이 내보인 반응 뒤에는 어린 시절의 트라우마가 있는지도 모른다. 지금 일어나고 있는 일을 더 깊이 이해할수록, 미래에 과거의 상처가 재점화될 가능성이 적어진다.

감정은 어떤 형태로든 '발산'하고자 하는 충동이다. 감정은 어떻게든 외부로 드러내고 싶어 한다. 따라서 분노 같은 강력한 감정은 밖으로 내보내는 것이 좋을 수도 있다. 하지만 옆 사람에게 화풀이를 하는 것보다는 베개나 샌드백에 드러내는 것이 낫다. 덜 폭력적인 선택지로는 안전한 환경 — 좋은 친구나 심리 상담가 등 — 에서 수치스럽거나 비판받으리라는 걱정 없이 생각과 감정을 드러내 그저 그것들이 존재할 수 있게 하는 것이다.

그런 상황에서도 우리는 남들의 비판을 두려워해 무언가를 억누를 수도 있다. 그게 아니면 삶의 일부를 비밀로 하고 싶어 할 수도 있을 것이다. 그럴 때는 지금 느끼는 기분을 글로 쓰는 것이 감정을 드러내는 좋은 방법일 수 있다. 자신을 비판하지 말고, 떠오르는 생각을 — 욕설까지 포함해 — 모조리 써 내려가자. 나 자신에게 감정을 드러내는 것이 중요하다.

저항에 저항하지 않는 것

사람은 때때로 감정을 느끼는 것을 거부하는 때가 있다. 수면 아래에서 불편함이 끓어오르는 것을 느끼면서도 그게 정확히 무엇인지, 혹은 그것을 완전히 받아들이면 무슨 일이 일어날지 모를 수도 있다. 어떤 기분이 들까? 감정이 나를 홀라당 집어삼켜 버리지는 않을까? 수문이 열리면, 나 스스로를 통제할 수 있을까?

감정에 저항할 때는 두 가지 요인이 존재한다. 바로 저항의 대상인 '감정'과 '저항' 그 자체이다. 이런 상황에서 인간은 감정을 놓아주는 것에 집중하는 경향이 있다. 우리가 원하는 건 감정에서 자유로워지는 것이니까. 하지만 '저항' 그 자체에 먼저 집중하는 것이 더 도움이 될 수도 있다. 저항은 감정을 가둬 두고, 온전히 느끼지 못하도록 한다. 따라서 저항이라는 감정 자체에 집중하는 것이 가장 바람직한 출발점이다.

이전에 언급했듯, 저항을 놓아주려면 저항 자체를 받아들이고, 그 행위가 어떻게 느껴지는지를 인지하는 것이다. 저항하는 경험은 매우 미묘하고 눈치채기 어려울 때가 있기 때문에 잠시 하던 일을 멈추고 다음과 같은 질문을 던지는 것이 도움이 되리라. 내가 눈치채지 못하고 있는 저항감이 어딘가에 존재하지 않는가? 그리고 조심스럽게 기다리면 된다.

어떤 느낌은 특정한 형태 — 희미한 정신적 긴장, 눈앞의 길이 막혔다는 기분, 가슴이나 배가 조이는 감각 — 로 드러날 수 있다. 바꾸거나 없애려 하지 않고 그저 받아들이면, 저항감은 대체로 약해지고 녹아내린다. 가끔은 아예 사라져 버리기도 한다.

저항을 덜 느끼는 상태에서 여러분은 비로소 피하고 싶었던 감정에 마음을 열 수 있을 것이다.

이 방식의 핵심은, 저항감을 현재의 일부로 받아들이는 것이다. 그렇게 함으로써, 저항은 '현재의 경험'과 '거기에 대해 느끼는 저항감'으로 나뉘는 대신, 현실의 일부로 편입된다.

물질 만능주의 사고방식

인류의 특출난 혁신 역량은 양날의 칼이다. 한편으로는 과거에서 교훈을 얻고, 새 가능성을 떠올리고, 선택하고, 변화를 꾀하며, 도구와 도구를 실행시킬 기술을 개발해 내는 인류의 능력은 세상을 바꾸어 놓았다. 주위를 둘러보자. 살아 있는 생물과 우리가 밟고 있는 땅을 제외하면 거의 모든 것이 인류의 창의성과 독창성의 산물이다. 그리고 이 모든 것 뒤에는 고통과 괴로움을 줄이고, 건강하게 장수하며, 안락과 안전을 확보하고, 궁극적으로는 평화를 찾고자 하는 동기가 잠재되어 있다(인류는 이 목표를 언제나 달성하지는 못하지만 이 이야기는 나중에 다루도록 하겠다).

인간은 매우 성공적으로 세상을 바꾸어 놓았고, 덕택에

이것이 모든 문제에 대한 해답이라고 믿게 되었다. 마음이 평화롭지 않다면, 어떻게든 그 문제를 해결해야 한다. 세상을 재배열하거나, 물질을 얻거나, 새로운 경험을 하거나, 고통이 생길 상황을 피해야 한다고 말이다. 인간은 세상이 자신이 원하는 모양으로 된다면 마침내 행복해질 수 있으리라고 믿는다. 이것이 바로 인간 문화를 지배하며 대부분의 사람들이 삶의 동력원으로 삼는 물질 만능주의 사고방식이다.

우리는 어린 시절에 어른들한테서 물질을 통제하는 능력의 중요성과 소유가 제공하는 안전에 대해 배운다. 그리고 나이가 들면서는 세상의 규칙에 관해 더 잘 이해하는 교육을 받으면서 삶을 잘 관리하여 결과적으로 만족과 충족을 얻는 것에 초점을 맞추고 있다. 어른이 된 뒤에는 매일같이 접하는 텔레비전, 라디오, 뉴스, SNS 심지어는 광고까지, 행복은 소유한 것이나 행하는 일에서 비롯된다는 믿음을 강화시킨다.

대부분의 사람들은 마음 깊은 곳 어딘가에서 이 믿음이 절대적인 사실이 아님을 인지하고 있다. 만족감은 실제 상황보다는 그 상황을 바라보는 시각에 더 크게 좌우된다. 여러분도 난장판 속에서도 씩씩함을 유지하는 사람, 줄을 서거나 비를 맞아도 짜증을 내지 않는 사람을 한 명쯤은 알고 있을 것이다. 그보다 더 흔치 않은 사례도 종종 들을 수 있다. 전쟁의 참화나 건강에 크게 문제가 있는데도 내적인 평온을 유지하는 사람들 말이다. 하지만 문화적인 훈련은 몹시 강력하기에 이런 내면의 지혜가 수면으로 떠오르는 일은 거의 없다.

인류는 악순환에 갇혀 있다. 내적인 만족이 소유물이나 행위에 달려 있다고 믿는다면 우리가 서로에게 전달하는 교훈도 다를 수가 없다. 고통스러워하는 사람을 지켜보는 상황을 가정해 보자. 여러분은 아마도 상대방이 처한 상황을 바꿔놓을 방법을 제안하며 그렇게 해서 그의 기분이 나아지기를 기대할 것이다. 그게 아니면, 누군가에게 무엇을 하게끔 설득하는 상황을 가정해 보자. 그 행동을 했을 때 상대방이 얼마나 더 행복해질지 여러 가지 근거를 대며 설득하지 않겠는가?

단기적으로는 이런 전략이 효과가 있는 것처럼 보일 수도 있다. 원하는 것을 얻으면 우리는 약간의 기쁨, 충족, 만족을 느낄 수 있을지도 모른다. 하지만 이렇게 쟁취한 행복은 오래가지 않는다. 황홀감이 사라지면 인간은 새로운 자극을 찾아 헤맨다. 음식, 음악, 운전, 논쟁, 스포츠, 텔레비전, 쇼핑 아니면 또 다른 행복의 원천을.

그리고 이것들이 충족감을 지속시키지 못하더라도, 사람은 기존의 접근 방법에 오류가 있다고 의심하지 않는다. 대신 세상이 자신이 원하는 것을 내놓도록 더더욱 노력할 뿐이다. 옷을 더 사고, 파티에 더 참석하고, 돈을 더 많이 벌기 위해 노력한다. 아니면 이런 것들을 포기하고 새로운 취미를 시작하거나 새 친구를 사귀는 등 신선한 전략을 시도할 수도 있다.

인간은 인도 철학에서 '윤회'라고 말하는 체계 속에서 살아간다. '윤회'란 '끝없는 헤맴'이라는 뜻을 지니고 있다. 인간은 고통에서 잠시 쉬는 것 말고는 다른 게 없는 이 세상에서 끝없이 떠돌며 충족감을 찾아 헤맨다. 스쳐 지나가는 기쁨이 사라지고 나면 남는 것은 영영 손에 잡히지 않을 목표를 향한 방랑뿐이다.

결과적으로 인간은 스스로 만들어 낸 반영구적 불만족 상태에 처하게 된다.

불만 만들기

세상만사가 멀쩡히 돌아갈 때는 인간의 내면 역시 멀쩡하여 걱정이 없고 만족스럽다. 이것이 바로 마음의 자연스러운, 흐트러지지 않은 상태다. 반면 뭔가가 잘못되었을 때, 인간은 불만을 느끼며 이는 잘못된 부분을 바로잡아 멀쩡한 상태로 되돌리고자 하는 원동력이 된다.

만약 급박한 욕구나 위협이 없는데도 불행하다면 그 불만은 여러분 스스로 만들어 낸 것일 가능성이 크다. 어쩌면 불만스러운 과거에 머무르고 있을 수도 있고, 현재의 경험에 불만을 느낄 수도 있을 것이다. 생존이라는 인간의 기초적인 목표를 고려하면, 그보다 더 큰 가능성은 미래에 일어날 수 있는 그리고 일어나지 않을 일에 대한 걱정일 것이다.

인간은 걱정하는 것을 관두면 행복해질 수 있다는 사실을 깨닫지 못한다. 대신 불만을 불러일으키는 것이 바로 세상이라고 생각하여, 자신이 가장 잘 아는 방법 — 문화가 주입시킨 대처법 — 을 통해 기분을 개선하려 한다. 어떻게든 문제를 해결하려 하는 것이다.

광고업계는 특히나 이 접근 방법을 강조하여 현재의 불만을 부채질하는 동시에 미래의 더 큰 행복을 약속한다. 어떤 제품의 광고든 — 스마트폰, 자동차, 패키지여행, 고급 음식, 세련된 옷 — 숨은 메시지는 같다. '당신의 삶에는 뭔가가 부족하다.' 그리고 그게 무엇이든, 광고 속의 물건을 사면 기분이 나아질 것이라는 메시지다.

이 전략은 표면적으로는 효과가 있을 수도 있다. 결제 버튼을 누르면 잠시는 기분이 나아진다. 구매한 물건이 행복을 가져다줄 것만 같다. 하지만 이 과정을 자세히 검토하면 완전히 다른 상황이 벌어지고 있다는 것을 알 수 있다.

불만은 결핍이나 채워지지 않은 욕망을 떠올릴 때 생긴다. 사람은 모자란 것을 얻지 못하면 행복해질 수 없다고 생각한다. 그리고 원하는 것을 얻으면 불만은 사라지고 기분 역시 나아진다. 하지만 인간을 행복하게 만드는 것은 원하는 물건을 얻는 행위 자체가 아니다. 문제의 물건을 가지지 못했다는 사실에 스스로 불만을 만들어 내는 행위를 중단함으로써 기분이 나아졌을 뿐이다.

이 현상은 인터넷 쇼핑을 할 때 특히 명확하게 드러난다. 물건을 사서 좋은 기분을 느끼는 것은 '구매' 버튼을 누르는 순간이다. 구매한 상품을 받고, 그 물건의 이점을 누리기까지는 여러 날이 걸리더라도 구매 결정을 내린 순간 불만은 사라진다. 그 물건에 대한 결핍을 느끼지 않으면서 이와 연관된 불만이 더는 생겨나지 않는 것이다.

하지만 광고가 옳은 지점도 하나 있다. 인간에게는 결핍이 존재한다는 사실이다. 단지 그것이 상품, 경험 또는 기회가 아닐 뿐이다. 인간에게 부족한 것은 평화와 더불어 자연적 정신이 주는 만족감이다. 그리고 이들은 존재하지 않기에 부족한 것이 아니다. 다만 인간 스스로 만들어 낸 불만에 의해 대체되었을 뿐이다. 걱정하는 정신은 당연히 평화로운 정신이 될 수 없다.

이것이 인류의 안타까운 진실이다. 미래에 평온할 수 있을지 걱정하면서 지금 당장 평온할 기회를 빼앗기는 것이다.

사람들은 마침내 걱정이라는 행위가 불가능해질 때, 즉 사람들이 묘비에 '평화로이 잠드소서'라고 새길 때까지 평생을 이렇게 살아가며 스스로 평화를 허락하지 않는다.

하지만 죽을 때까지 기다리지 않아도 평화는 얻을 수 있다. 여러분은 지금 당장이라도 걱정의 타래를 멈출 수 있다.

인공적인 불만을 만들어 내는 것을 중단하고, 자연적 정신이 제공하는 평화에 스스로를 맡기는 쪽을 택할 수 있다.

고통의 근원

내가 명상 모임을 진행하던 건물 옆에는 소방서가 있었다. 그렇기 때문에 모임 때마다 거의 언제나 소방차가 사이렌을 울리며 지나가는 소리가 들리곤 했다. 참가자들이 "이렇게 시끄러운데 어떻게 명상을 하란 말이야?"라고 불평하는 것도 당연한 일이다.

여러분도 이런 기분을 느껴 본 적이 분명 있을 것이다. 사람들은 흔히 주변이 조용해야만 정신도 조용해질 수 있다고 오해한다. 군중에게서 멀리 떨어진 장소여야만 — 깊은 숲속, 평화로운 예배당, 조용한 침실 — 이상적인 명상 환경이 될 수 있다고 생각하는 것이다. 시끄러운 환경에서 정신을 가다듬는 것은 훨씬 어렵다고 말이다.

그런데 과연 정말로 그럴까?

나는 모임 사람들에게, 소방차가 요란하게 지나갈 때 스스로 내면을 들여다보며 짜증의 근원을 탐구해 보라고 제안했다. 명상이 끝났을 때, 한 여성 참가자는 사이렌 소음이 더는 문제로 느껴지지 않는다고 말했다. 소음은 여전히 존재했지만 더 이상 고통을 받지는 않았다고 했다. 그녀는 깨달은 것이다. 이 짜증이 소음 자체보다는, 소음이 없었으면 좋겠다는 희망에서 비롯된 것임을.

이것이 바로 2,500년 전 부처의 깨달음의 정수다. 인간이라면 누구나 부처가 '고'라고 한 감각을 느낀다. '고'는 흔히 '고통'이라고 해석하는데, 부처 시대에 통용된 팔리어에서 이 단어는 사실 '낙' 그러니까 '걱정 없음'의 반대말에 해당한다. '고'는 '고통'보다는 '걱정', '불만', 아니면 일부 현대 불교학자들이 쓰는 용어인 '불만족'이라고 해석하는 것이 바람직하다.

고통을 '불만'이라는 더 포괄적인 단어로 해석하는 것은, '삶은 고통이다'는 생각에 명확한 의미를 부여한다. 사람은 누구나 불만이라는 감각을 안다. 그리고 부처가 고통에서 자유로워지는 것을 원했듯, 인간은 불필요한 불만에서 자유로워지기를 원한다.

앞에서 말한 어휘의 어원을 살펴보면 더 깊이 이해할 수 있다. 산스크리트어 '낙(sukha)'은 'su(좋음)'와 'kha(구멍)'라는 단어에서 비롯되었는데, 이는 수레바퀴가 회전할 때 중심이 되는 쇠막대기를 가리킨다. 당시 바퀴는 매우 중요한 기술이었으며, 바퀴가 쇠막대기를 중심으로 매끄럽게 굴러가는 것은 효율과 편안함 양쪽 모두에서 핵심적인 요소였을 것이다. 반대로, '고(dukkha)'의 어원은 'du(나쁨)'와 'kha(구멍)'이다. 바퀴가 매끄럽게 굴러가지 못하면 마찰과 불편이 생겨난다.

정신도 마찬가지다. 저항을 놓아주고 흐름에 몸을 맡기며 현실을 받아들이면 마음에 평화가 찾아온다. '고', 즉 고통은 경험에 저항할 때 생겨난다. 자연적인 평온한 상태가 인간 스스로 만들어 낸 불만으로 바뀌는 것이다.

부처를 비롯한 많은 스승이 이야기한 것처럼, 인간은 세상이 어떠해야 한다는 집착을 놓아주고 경험을 있는 그대로 받아들임으로써 평화로운 정신 상태로 회귀할 수 있다. 무작정 변화가 일어나기를 기원하는 것은 도움이 되지 않는다.

"그러면 세상의 불의와 잔악함도 그저 받아들여야 한다는 말인가요? 길에서 생활하는 노숙자의 불행이나 배우자의 고집스러운 태도는요?"

이런 이야기를 들으면 사람들은 위와 같은 반문을 던지고는 한다. 물론 모든 것을 순순히 받아들여서는 안 된다. 이 세상에는 인내해서는 안 될 만한 상황이 많다. 그리고 여러분 모두 나름대로의 방식으로 세상의 긍정적인 발전에 한몫할 책임이 있다.

'경험을 있는 그대로 받아들이는 것'은 말 그대로 경험을 바로 그 순간 있는 그대로 받아들이는 것을 의미한다. 만약 여러분이 좌절감을 느끼거나 화가 나거나, 분하다고 느낀다면 그 감정을 받아들여라. 그 감정을 거부하거나, 그 감정이 없기를 바라지 마라. 현재의 경험은 그대로 있다. 저항은 의미가 없다.

추락

인간이라면 누구나 한번쯤 바닥까지 추락하기 마련이라고? 틀렸다. 인간은 날마다 추락한다. 현재라는 낙원에서 시간의 세계로 말이다.

행복이 소유물이나 행위에서 비롯된다는 믿음은 쉬지 않고 정신적인 소음을 만들고 있다. 지금 무슨 일이 일어나고 있는지, 내가 뭐라고 생각해야 하고 어떻게 반응해야 하는지 속삭이는 목소리다. 인간은 때때로 과거를 돌아본다. 그때 내가 뭘 잘못한 거지? 뭘 어떻게 했어야 하는 걸까? 그게 아니면, 즐거운 추억을 회상하며 어떻게 해야 과거와 같은 행복을 다시 누릴 수 있을지 고민할 수도 있을 것이다. 거기에 더해 인간은 미래를 걱정한다. 과연 행복의 조건을 갖출 수 있을까? 나한테 필요한 게 무얼까? 필요한 것을 어떻게 얻을 수 있을까?

나는 생각이라는 행위가 귀중하지 않다고 주장하려는 것이 아니다. 생각이 필요한 때와 장소가 분명 있다. 생각은 인류 문화 발전에 핵심적인 역할을 해냈다. 생각은 인간을 인간답게 만들어 줬으며, 미래에 관한 선택을 할 수 있도록 했으며, 인간이 자신에게 더 나은 세상을 만들 수 있도록 했다. 하지만 생각은 축복인 동시에 저주이기도 하다. 생각은 인간을 현실에서 끄집어낸다. 생각을 통해 인간은 현재라는 낙원에서 추락한다.

그리고 생각은 다만 존재함으로써 얻을 수 있는 마음의 평화를 가린다. 인간은 자신이 느끼는 대부분의 불만족을 스스로 만들어 냈음을 깨닫지 못하며 무언가 해결책을 찾는 것으로 그 기분을 없애려 한다. 하나의 작업이 끝나면 또 다음 작업으로 넘어가고, 끝이 보이지 않는 해야 할 일 리스트에 체크 표시를 하느라 바빠서 잠시 멈춰 장미 향기를 음미하는 일은 거의 없다. 그렇게 인간은 낙원에서 추락한다. 단지 존재하는 것만으로 충분했던 인간은, 어느새 행동해야만 가치 있는 인간으로 탈바꿈했다.

이것이 단순히 인간 본성의 슬픈 반성이라면, 그것만으로도 충분히 비극일 것이다. 하지만 소유물과 행위에서 행복을 찾으려는 노력이 경이로운 기술과 합쳐지면 위험한 결과를 낳는다. 인류는 우려스러운 속도로 지구의 자원을 집어삼키며, 점점 많은 양의 폐기물을 배출하고 있다. 현대 인류가 마주한 미래는 더 큰 행복과 기쁨이 아니라 더 많은 고통과 괴로움을 약속한다.

대체 어디서부터 잘못된 걸까? 많은 현자가 지적했듯, 문제의 근원은 인류가 엉뚱한 곳에서 행복과 기쁨을 찾아 헤맨다는 지점에 있다.

수피교에는 '현명한 바보 나스루딘'이라는 유명한 우화가 있다. 하루는 나스루딘이 밤중에 집 앞 가로등 아래에 무릎을 꿇고 앉아서 집 열쇠를 찾아 헤매고 있었다. 나스루딘의 이웃은 그를 돕고자 함께 땅을 살폈다. 잠시 후, 이웃이 물었다.

"정확히 어디쯤에서 열쇠를 잃어버린 거예요?"

나스루딘의 답은 다음과 같았다.

"집 안에서요."

이웃은 최대한 예의 바르게 물었다.

"그런데 왜 밖에서 열쇠를 찾고 있는 거죠?"

나스루딘은 과연 뭐라고 답했을까?

"그야, 여기가 더 밝으니까요."

여러분은 어쩌면 나스루딘의 어리석음을 비웃을지 모르겠다. 하지만 행복을 찾는 데 있어서는 우리 모두 나스루딘처럼 어리석다. 인간은 행복을 세상 어딘가에서 찾으려 한다. 인간이 가장 잘 아는 것이 바로 이 세상이니 어찌 보면 당연한 일이다. 인간은 주변 세상을 능숙히 다루는 법, 재산을 모으는 법, 사람과 사물이 자신의 입맛대로 행동하게 만드는 방법을 알고 있다. 하지만 자기 자신의 정신에 대해서는 아는 것이 별로 없다. 정신세계는 어둡고 모호하게 느껴지며, 따라서 외부 세계의 사물과 경험을 대신 좇게 된다. 행복의 열쇠는 내면에 존재한다는 사실을 깨닫지 못하는 것이다.

이런 정서는 대부분의 종교에서 찾아볼 수 있다. 기독교 성서에는 다음과 같은 구절이 등장한다.

"죄인은 회개하라. 천국이 가까이 왔느니라."

이는 심판의 날이 다가오고 있으니, 스스로의 죄를 뉘우치라는 훈계로 해석될 수 있다. 하지만 더 이른 그리스 문헌을 되짚어 보면, 그보다 예사로운 해석이 존재한다.

흔히 '죄'라고 번역하는 그리스어 단어는 'amartano'이다. 모리스 니콜이 자신의 책 『The Mark』에서 말했듯이 이 단어는 궁술에서 '표적을 놓침', 즉 과녁을 명중시키지 못한 상황을 가리킨다. 인간이 추구하는 과녁의 정중앙은 분명 지금보다 나은 심리 상태 — 행복, 만족감, 편안함, 평온 — 일 텐데, 이 상태가 소유물이나 행동에서 비롯된다고 믿는 것은, 엉뚱한 방향 — 속세의 사물과 경험 — 을 조준해 결과적으로 표적을 놓치는 것과 다름없다.

더해서 '회개'에 해당하는 그리스어 단어 'metanoia'는 '심경의 변화'를 의미한다. 따라서 "죄인은 회개하라. 천국이 가까이 왔느니라."라는 성경 구절은 "표적을 놓쳐서 속세에서 행복을 찾지 못했다면, 마음을 바꾸어라. 네가 찾아 헤매는 것은 바로 여기, 당신의 내면에 있다."라고도 해석할 수 있다.

많은 영적 지도자는 특정한 행동을 하거나 특정한 장소에 가지 않아도 얼마든지 내면의 평화를 찾을 수 있다고 가르친다. 오염되지 않은 인간의 자연적 정신세계는 이미 평화로운 상태를 유지하고 있다. '세상은 마땅히 내가 원하는 모습을 하고 있어야 한다'는 집착을 놓아주고, 경험을 저항이나 가치판단 없이 받아들이면 여러분은 분명 자연적 정신 — 인류에게 이미 예전에 주어졌던 낙원 — 을 되찾을 수 있을 것이다.

바로 이 낙원에 여러분이 그동안 찾아 헤매던 마음의 평화가 존재한다. 이는 세상에서 벌어지는 일이나 여러분의 생각에 좌우되지 않는 평화이다. 몇 번이고 반복적으로 찾아갈 수 있는 평화다.

쉬운 명상법

명상에는 다양한 종류가 있다. 어떤 명상법은 호흡, 반복적인 암송, 내면의 빛, 심장, 혹은 신에 주의를 기울인다. 또 다른 종류는 개인의 의지, 기도문, 꿈꾸는 미래, 영적인 경구 따위에 집중하기도 한다. 목적 역시 명상법마다 다르다. 어떤 명상법은 인간의 진정한 본성을 발견하는 것을 목표로 삼고, 또 다른 명상법은 자아를 초월하거나, 높은 의식에 다다르거나, 신을 알아 가거나, 가르침이나 치유를 얻거나, 진리를 깨닫는 것을 목표로 한다. 명상의 목적을 꼽자면 끝이 없다.

내가 가장 관심을 가지는 명상법은, 생각하는 정신이 긴장을 풀고 한자리에 정착하게 해 주는 것이다. 핵심은 명상이 그저 일어나도록 내버려 두는 데 있다. 주의를 특정한 곳에 집중하기보다는 긴장을 풀자. 어떤 일이 일어나야 하는지, 혹은 일어나면 안 되는지에 대한 모든 기대를 버릴 필요가 있다.

다만 지금 이 순간 여러분의 경험에 주목하라. 신체의 감각, 호흡의 흐름, 들리는 소리를 있는 그대로 존재하도록 내버려 두는 것이다. 뭔가 다른 경험, 혹은 특정한 상태에 도달하기를 바라서는 안 된다. 이것이 바로 자아의 본질이다. 그저 자기 자신의 경험을 — 그게 무엇이 되었든 — 받아들이고, 있는 그대로 놓아두는 것이다.

그렇다면 생각은 어떠한가? 많은 이들이 명상을 할 때 생각이 떠오르는 것을 도무지 멈출 수가 없다고 불평한다. 생각이 스쳐 지나가는 것은 자연스럽고 필연적인 현상이다. 명상 경험이 풍부한 사람에게 명상하기 위해 자리에 앉을 때 생각이 떠오르는지 물어보면 분명 그렇다는 답이 돌아올 것이다. 핵심은 거기에 어떻게 대응하냐에 있다.

여러분은 처음에는 생각에 사로잡혔다는 사실을 깨닫지 못할 것이다. 제일 먼저 주의력이 어떤 생각에 사로잡힌다. 어쩌면 그 순간에 일어난 생각이 흥미롭거나 중요할 수도 있으리라. 그게 아니면 평소에 자주 그렇듯이 과거에 여러 번 반복했던 생각이 그저 습관적으로 떠오를 수도 있다. 시간이 지나면 생각도 기력이 다하기 마련이다. 그리고 바로 그 순간 여러분은 현실, 즉 '생각을 하고 있었다'는 사실로 돌아오게 된다.

이때 평소처럼 생각을 지속하는 대신, 생각의 타래를 좇지 않는 쪽을 선택하자. 주의가 생각에 함몰되지 않은 상태에서 현재가 다시 모습을 드러낼 것이다. 자리에 앉아 있는 상태, 감각, 호흡, 기분, 주변에서 들려오는 소리를 인지하게 되는 것이다.

하지만 그렇다고 해서 현재에 머무르려 애쓰지는 말자. 그건 굉장히 힘들다. 생각은 금세 다시 일어난다. 이 연습은 '현재에 머무르는' 연습이라기보다는 쉽게, 애쓰지 않고 '현재로 돌아오는' 연습에 가깝다.

이 과정은 때때로 강아지를 훈련시키는 것에 비유한다. 강아지에게 '앉아'를 가르치는 상황을 가정해 보자. 여러분은 아마 강아지를 억지로 바닥에 주저앉혀 놓고 "앉아"라고 말할 것이다. 손에 힘을 풀어서 강아지가 도망치면 다시 데려다가 아까와 같은 과정을 반복한다. 이런 과정을 통해 서서히 '앉아'를 학습한 강아지는 점점 더 오랫동안 앉아 있을 수 있게 된다.

정신도 마찬가지다. 도망친 정신을 데려와 원래 자리에 데려다 놓자. 여러분은 지금 이 순간 바로 여기에 존재한다. 혹시 주의가 달아난다면, 도망친 강아지를 데려오듯 조심스레 데리고 오자. 반복하면 서서히 자연적 정신의 안락함과 조용함에 익숙해질 것이며, 그 상태를 점점 더 이상적으로 여기게 될 것이다. 그리고 한곳에 자리를 잡고 앉는 게 점점 더 수월해짐을 깨달을 것이다.

하지만 명상은 조용한 정신의 안락함을 누리다 이전보다 차분하고 침착한 상태로 현실에 돌아오는 것 이상의 가치가 있다(물론 그 자체도 아주 즐거운 경험이지만 말이다). 명상이라는 능력은 실생활에 도움이 된다. 예를 들어 스포츠 훈련을 하는 상황을 떠올려 보자. 사람들은 나중에 골프장이나 테니스 코트에 나갈 때를 대비해 미리 스윙과 백핸드를 연습하지 않는가? 마찬가지로, 명상을 통해 '놓아주는 행위'를 연습하면 일상에서도 그 능력을 쓸 수 있다. 여러분은 언제 어느 순간이라도 생각의 타래를 좇기보다는 그저 놓아주고, 조용한 정신에 기댈 수 있을 것이다.

명상에는 또한 일상적인 쓸모를 넘어서는 가치가 있다. 명상이라는 이름의 고요 속에서 휴식하면서 명상가는 진정한 자신을 더 잘 인식할 수 있게 된다. 그리고 인간의 핵심적 특성과 친숙해지면 친숙해질수록, 에고의 사고방식을 놓아주는 것도 쉬워질 것이다. 모든 면에서 긍정적인 현상이 아닐 수 없다.

현재를 즐겨라

인간이 인지할 수 있는 유일한 순간은 바로 지금, 이 순간이다. 과거의 기억과 미래에 관한 생각은 현재의 경험이다. 따라서 현재를 살고 있지 않다고 일컬어지는 사람은 지금 처한 순간에 주의를 기울이고 있지 않은 게 된다. 이런 이들의 관심은 과거, 또는 미래에 집중되어 있다.

현재에 몰입하는 방법은 세 가지가 있다. 첫째로, 어제의 일을 걱정하거나 내일에 일어날 일을 염려하지 않고 오늘을 살아가는 것이다. 나름대로 강점이 있는 접근 방식이다. 이런 태도는 우리가 삶을 있는 그대로 받아들이고, 불필요한 두려움이나 불안에 전전긍긍하지 않게 해 준다. 하지만 이런 태도를 받아들인다고 해서 현재를 더 포괄적으로 잘 이해하게 된다는 보장은 없다. 이 방식을 선택하더라도 이전과 다를 바 없이 생각에 사로잡힐 수 있다. 다만 발목을 붙잡는 것이 어제나 내일이 아닌 오늘에 관한 생각으로 바뀔 뿐이다.

많은 명상법에서 흔히 쓰고 있는 두 번째 방법은 '현재'의 경험을 자각하는 것이다. 사람의 생각이 대부분 과거나 미래를 다루는데, 감각적 경험은 언제나 '현재'에 머물러 있다. 기초적인 명상법이 몸에 주의를 집중하라고 — 심장박동, 호흡, 혹은 또 다른 감각 — 강조하는 이유다. 몸의 감각은 언제나 현재의 것이다.

바로 이 지점에서 세 번째 방법을 찾아볼 수 있다. 현재를 살아가는 감각을 온전히 누리기. 순간의 경험을 딱히 의식하려고 애쓰기보다는 현재에 몰입하는 것이 대체 어떤 느낌인지 살피는 것이다.

이 방법을 통해 여러분은 여유, 안도, 느긋함, 깊은 만족감, 내면의 평화, 혹은 기쁨을 느낄 수 있을 것이다. 어쩌면 활짝 열리고 너른 정신, 아니면 고요한 마음으로 인한 온화한 기쁨이나 내적 고요함에 감사함을 느낄 수도 있을 테다. 어떤 기분이 들든 스스로 그 감각을 즐기는 것을 허락하라. 욕조에 몸을 담그듯, 마음을 내적 평화에 흠뻑 적시는 것이다.

현재에 몰입하면서 느낄 수 있는 감각을 충실히 즐기면 나중에도 그 순간으로 돌아가고자 하는 동기를 얻게 된다. 현재를 살아가는 친숙하고 즐거운 감각은 언제나 여러분을 안식처로 인도하는 등대가 될 것이다.

멈춰라

멈춰라.

단지 멈추는 것. 그뿐이다.

그리고 현재의 경험에 주의를 기울이자. 바로 이 순간 존재하는 것에 감각을 집중하는 것이다.

다양한 지각이 느껴질 것이다. 시각, 청각, 후각……. 어떤 종류의 신체적 감각이나 느낌일 수도 있고 아니면 전반적인 감정일 수도 있다. 그리고 높은 확률로 앞서 말한 것들의 곁에는 생각이 존재하리라. 여러분의 이목을 붙잡아 두는 강렬한 생각일 수도, 아니면 배경에 깔린 은은한 생각일 수도 있다. 지금 일어나고 있는 일에 관한 자의적 해설, 또는 습관적인 염려 따위가 이런 흐릿한 생각에 해당한다.

생각에 몰두하고 있다는 사실을 깨닫는 순간, 이를 멈추는 것을 선택하라. 아주 잠시면 충분하다.

멈춤을 선택한다는 것은 생각을 대체할 다른 어떤 행위를 선택하는 것이 아니다. 멈춘다는 것은 생각의 뒤꽁무니를 쫓는 것을 그만둔다는 뜻이다. 생각의 방향으로 기울어진 관심을 거두어들이는 것이다.

그리고 주의력이 쉴 수 있도록 하자.

긴장이 풀리는 감각, 안도감, 부드러운 기쁨이나 행복, 쾌적함이나 명확함, 가벼워진 존재의 무게……. 혹은 또 다른 무언가가 느껴질 것이다.

무언가가 느껴진다면, 충분히 음미하라. 멈춰 서는 감각을 즐겨라. 때때로 배후에서 더욱 미묘한 생각이 감지될 수도 있다. 현재의 느낌에 관한, 혹은 완전히 다른 생각이 조용히 숨어들어 왔을 수도 있다.

그런 생각 역시, 뒤쫓지 않는 쪽을 선택하자. 일단은 놓아주는 것이다.

생각에서 벗어나는 자유가 어떤 감각인지 그것에 주목하라. 끊임없이 무언가를 해야 한다는 집착에서 벗어나는 자유가 어떤 감각인지 주목하라.

미래에 이런 생각이 다시 떠오를라치면, 또 한 번 멈춰 서라.

그리고 이를 반복하라.

하지만 멈춰 서는 행위가 습관이 되어, 특정한 경험에 대한 특정한 반응이 되지 않도록 주의하자. 멈춰 서는 행위가 의무적으로 하는 일종의 의식이 되어서는 안 된다. 그러면 멈춰 서는 행위는 모든 의미와 위력을 상실한다.

멈춰 서는 순간이 매번 현재를 신선하게 마주할 수 있도록 하라. 마치 지금의 멈춤이 최초로 겪는 멈춤인 것처럼 말이다.

실제로 매 순간은 처음이라고 볼 수도 있다. 바로 이 순간을 음미할 기회는 단 한 번이기 때문이다.

동아줄 우화

우리는 모두 동아줄을 단단히 붙잡고 있는 이야기의 주인공과 같다.

손을 놓쳤다가는 추락하리라는 것을 알고 있기에 전력을 다해 매달린다. 부모와 스승을 비롯한 수많은 이들이 손을 놓았다가는 추락하리라고 말했다. 그리고 주변을 둘러보면 다른 사람들도 똑같이 동아줄을 단단히 붙잡은 채로 매달려 있다. 주인공은 무슨 일이 있어도 동아줄을 놓지 않으리라 다짐한다.

때마침 어떤 현자가 근방을 지나가고 있었다. 이 현자는 알고 있다. 매달리는 것은 아무 쓸모가 없으며 동아줄이 제공하는 안전은 환상에 불과하고, 다만 사람을 제자리에 머무르게 할 뿐이라는 것을. 현자는 주인공이 품고 있는 환상을 떨쳐 내고 해방할 방법을 고심한다.

주인공에게 현자는 깊은 기쁨, 진정한 행복, 내면의 평화를 말한다. 동아줄을 붙잡고 있는 손가락 하나만 놓으면, 이 모든 것을 맛볼 수 있으리라고 말한다.

'손가락 하나? 행복을 맛볼 기회가 있다면 충분히 감당할 만한 위험이지 않을까?'

주인공은 마침내 현자의 제안에 동의한다.

그리고 손가락 하나를 풀어내니, 정말로 기쁨과 행복과 내면의 평화를 맛볼 수 있었다. 하지만 지속적인 충만감을 느끼기에는 부족했다.

"두 번째 손가락도 놓아준다면, 지금보다 더 큰 기쁨과 행복을 누릴 수 있을 텐데요."

현자는 그렇게 말한다.

'그건 좀 어려울 것 같은데. 위험하지 않을까? 내게 그런 용기가 있을까?'

망설이던 주인공은 손가락을 하나 구부리며 이전보다 조금만 더 놓아주는 것은 과연 어떤 기분일지 상상해 본다. 그리고 위험을 감수하기로 한다.

두 번째 손가락에 힘을 풀었는데도 추락하지 않았다는 사실에, 주인공은 안도한다. 추락하기는커녕 이전보다 더 큰 행복과 마음의 평화를 얻을 수 있었다.

하지만……. 이보다 더 멀리까지 나아가는 게 가능할까?

현자는 말한다.

"날 믿어요. 여태까지 내가 한 말 중에 틀린 게 있나요? 무엇이 두려운지, 당신의 머릿속이 무어라 속삭이고 있는지 잘 압니다. 이건 미친 짓이라고, 평생 익혀 온 모든 진리에 반한다고 말하고 있겠죠. 그래도 제발 나를 믿어 주세요. 당신은 다치지도 않을 것이고, 이전보다 훨씬 큰 평화와 만족감을 누릴 것이라고 약속하겠습니다."

주인공은 생각한다.

'나는 내면의 평화를 얼마나 간절히 원하는가? 여태껏 소중히 여겨 왔던 것을 모조리 저버릴 준비가 되어 있는가? 그렇게 했을 때, 이번에도 추락하지 않으리라는 보장이 있는가?'

주인공은 자기 자신을 구슬린다. 마음속 두려움을 들여다보고 두려움의 원천을 파헤치며, 자신이 진정으로 원하는 것이 무엇인지 탐구한다. 천천히, 그는 세 번째 손가락의 긴장이 느슨해지는 것을 느낀다. 이제 해낼 수 있다는 것을 알고 있다. 아니, 반드시 이렇게 해야만 한다는 것을 알고 있다. 이 손가락의 힘을 푸는 것도 시간문제일 것이다.

그리고 마침내 손가락의 힘을 풀었을 때, 이전보다도 더 큰 안도감이 주인공을 휘감는다.

이제 동아줄을 붙잡은 손가락은 단 하나뿐이다. 세상의 상식은 주인공이 진작 추락했어야 한다고 말하는데, 그런 일은 벌어지지 않았다.

'동아줄에 매달려서는 안 되는 걸까? 나는 계속 착각 속에서 살아온 걸까?'

주인공은 자문한다.

"마지막 손가락은 당신의 몫입니다."

현자는 말한다.

"나는 더는 도움을 줄 수 없어요. 다만 기억하세요. 당신의 두려움에는 근거가 없다는 사실을요."

속삭이는 내면의 목소리를 신뢰하며, 주인공은 마지막 손가락의 힘을 서서히 풀어낸다.

그리고 아무 일도 일어나지 않는다. 주인공의 위치는 조금도 달라지지 않았다.

곧, 그는 자신이 움직이지 않은 이유를 깨닫는다.

그는 땅을 딛고 서 있었던 것이다.

영원한 지혜의 재발견

대부분의 영적 전통은 한 개인이 삶을 근본적으로 뒤흔드는 신비한 경험, 심오한 계시나 내적 깨달음을 얻는 것에서 시작되었다. 아니면 영적 수련, 깊은 헌신, 까다로운 장애물에 대한 저항을 통해 생겨났을 수도 있다. 그것도 아니라면 누구도 예상치 못한 순간, 뜬금없이 일어났을 수도 있다. 내적 평화와 평온이 개인의 삶을 뒤덮는, 시대를 초월하여 존재해 온 순간 말이다. 기원이야 어찌 되었든 영적 전통은 대체로 삶에 대한 기쁨, 모든 존재를 향한 무조건적 사랑 그리고 개인이라는 개념이 해체되는 것으로 이어진다.

이런 근본적인 변화를 경험한 이들 가운데 많은 이들이 자신의 깨달음을 타인과 나눔으로써 각성을 돕고자 했다. 하지만 가르침을 받은 이들은 때때로 가르침을 잘못 해석하거나, 잊어버리거나, 자의적인 해석을 덧붙였다. 일렬로 늘어선 여러 명이 같은 말을 차례로 속삭여 전달하면 마지막 사람에 이르러서는 완전히 엉뚱한 말로 탈바꿈하는 게임과 같다. 가르침은 사람에서 사람으로, 문화에서 문화로, 언어에서 언어로 전달되면서 점차 원본과 멀어졌다. 시대를 초월하는 영원한 지혜에 온갖 사회의 믿음과 가치가 덧대어져 공통된 핵심을 알아보기 어려운 다양한 믿음 체계를 낳았다.

하지만 오늘날, 우리는 과거와는 확연히 다른 영적 부흥기를 살아가고 있다. 현대 인간은 자신이 속한 문화의 믿음에 묶여 있지 않고, 역사의 시작부터 현대까지 전해 오는 수많은 전통을 접할 수 있다. 더해서, 세계 각지 스승들의 통찰을 책, 녹음 자료, 영상물, 인터넷을 통해 언제라도 쉽게 만날 수 있게 되었다. 과거에는 불가능했던 일이다.

역사적으로 영적 부흥이 대체로 한 지도자에 의해 주도되었다면, 현대에는 수많은 스승이 영원불멸의 철학을 전하고 있다. 물론 그중 몇몇이 남들보다 더 눈에 띌 수도 있고, 또 다른 몇몇은 남들보다 더 명확한 깨달음을 얻었을 수 있다. 하지만 이들 모두 영원한 지혜의 재발견에 기여하고 있다.

오늘날, 진실은 전달을 거칠수록 희석되고 흐릿해지지 않는다. 오히려 여러 사람의 발견은 서로를 보강한다. 우리는 세계 각지의 신앙의 차이, 문화적 덫과 해석에 현혹되지 않으며 그 너머 핵심을 꿰뚫어 본다.

그동안 겹겹이 쌓여 온 모호함을 벗겨 내면 핵심은 점점 또렷해지며, 단순해진다. 그리고 우리가 나아갈 영적 여정 역시 그만큼 수월해진다.

오늘날 사람들은 영적 문헌의 철저한 연구, 수년 동안의 명상 훈련, 특정한 스승에 대한 깊은 헌신이 없더라도 영적 깨달음을 얻을 수 있다고 인정한다. 내적 각성에 필요한 유일한 것은, '나'라는 존재를 정직하게 탐구하고자 하는 의지다. 지적인 탐구를 일컫는 게 아니다. 우리에게 필요한 것은, 내가 진정 누구 — 무엇 — 인지 밝히고자 하는, 몹시 사적인 탐구다.

에고는 없다

에고(거짓 자아)라는 건 존재하지 않는다. 우리가 종종 자기 중심적인 생각이나 행동에 사로잡힌다는 사실을 부정하는 것이 아니다. 다만 에고를 '나'와는 별개의 자신, 마음속의 '무언가'라고 여겨서는 안 된다는 뜻이다.

나 자신의 경험을 관찰해 보자. 내 삶에 언제나 존재해 온, 변하지 않는 '나-다움'이 눈에 띈다. '나'라는 기분은 어제, 1년 전, 열 살 때도 똑같이 존재했다. 내 생각, 감정, 인격, 성격, 욕구, 필요, 믿음, 선호는 지난 몇 년간 많이 바뀌었을지 모르나, '나'라는 감각 자체는 바뀌지 않은 것이다.

관찰을 계속하자. '자신'이라는 감각과 더불어, 내가 원하는 바, 나를 행복하게 해 줄 것, 내가 더 많이 통제하고자 하는 것들까지 다양한 생각을 찾을 수 있다. 바로, '자아(에고) 중심적' 생각이라 할 만한 것들이다. 때때로 두려움이나 타인을 비판하고자 하는 욕구가 느껴지기도 한다. 세상이 내 뜻대로 흘러가면 비로소 행복해지리라는 생각이 떠오르기도 한다. 하지만 뚜렷한 자아, 혹은 '에고' — 이런 생각을 품는 주체 — 는 찾아볼 수 없다.

우리가 '에고'라고 이름 붙인 것은 나의 일부분이 아니다. 에고는 다만 생각의 한 방식일 뿐이며, 사물이라기보다는 과정이며, 명사보다는 동사에 해당한다. 따라서 "나는 지금 에고를 행하고 있다"고 말할 수 있을 것이다.

이 미묘한 차이는 무척 중요하다. 에고를 별개의 자신으로 간주한다면, 많은 영적 공동체에 흔히 퍼져 있는 믿음처럼 에고를 제거하거나, 초월하거나, 어떻게든 극복해야 한다는 신념을 가지기 쉽다. 하지만 에고를 우리가 종종 사로잡히는 생각의 한 방식으로 간주한다면, 완전히 다른 접근 방식에 도달하게 된다. 에고를 놓아주는 것은, 특정한 사고방식을 놓아주는 것이 된다. 그리고 이는 머나먼 목표가 아니라 지속적으로 하는 습관이 될 수 있다.

에고를 놓아주는 것

우리가 놓아주어야 하는 에고는 심리학자들이 '건강한 자아'라고 하는 것 — 심리 발달에 필수적이며, 의미 있는 인간관계를 형성하는 데 도움을 주고, 인생의 장애물을 극복하게 해주는 '자존감'이 아니다. 이 에고는, 행복이 내가 소유한 것이나 행하는 일에 좌우된다고 가정하여 사람이 만물을 수단으로 취급하게 만드는 자기중심적인 사고방식이다.

물론 이런 접근 방식이 필요한 순간도 있다. 나의 안녕이나 안전이 위협받는다면 나를 우선순위로 두는 것이 당연하다. 에고적 생각 그 자체는 적이 아니다. 오히려 인간의 생존을 돕는 아군이다.

에고적 생각의 단점은, 이런 사고방식이 필요 이상으로

작동할 때 일어난다. 이런 사고방식은 우리의 주의력을 장악하고, 쓸데없는 불만을 만들어 내며, 없는 편이 나을 감정을 불러일으킨다. 행복을 가져다줄 것이라 믿는 무언가에 집착하게 만들고, 존재하지 않고 어쩌면 앞으로도 존재하지 않을 문제를 해결하려 든다. 이 모든 것은 현재의 경험을 퇴색시키며 자연적이며 흔들리지 않는 정신이 주는 평화와 만족감을 가린다.

에고를 통제하거나 제거할 대상이 아니라 우리가 종종 몰입하는 사고방식으로 여기면 — 이 사고방식을 에고-정신이라고 할 수 있을 것이다 — 그 손아귀에서 훨씬 더 수월하게 벗어날 수 있다. 에고적 생각이 떠오르는 것이 느껴진다면, 그저 따르지 않는 쪽을 택하는 것이다.

하지만 우리 중 다수가 증언할 수 있듯이 그렇게 쉽지만은 않은 일이다.

첫째로, 에고-정신은 지나치게 자주 활성화되어서 그게 정상이라고 느껴질 수도 있다. 색안경을 계속 쓰고 다닌다면 안경 없는 세상이 어떤 모습이었는지 잊어버린다. 에고-정신도 이와 비슷하다. 에고-정신이 보여 주는 현실은 쉽사리 '진실'이 되어 버린다. 예를 들어 당신이 국가원수를 특정한 사고방식으로 바라본다고 치자. 그 리더의 모든 행동을 그 사고방식으로 해석하기 시작하면 진짜 그런 것처럼 보이게 되어, 다른 누군가가 당신의 의견을 돌리기는 쉽지 않을 것이다.

이에 더해서 에고적 생각은 심각성을 요구한다. 에고적 생각의 역할은 우리를 보호하는 것이다. 만약 우리의 안위가 진정 위태롭다면 에고적 생각이 미리 계획해 둔 행동 방침을 따라야만 한다. 상상 속 위협을 마주했을 때, 에고는 실제 위협과 같은 방식으로 대응한다. 한 번 발동된 에고적 생각은 스스로 작동하며 우리가 제 명령을 따를 것을 요구한다.

이런 끈질김은, 여러분이 에고적 생각에 사로잡혔는지 감지할 수 있는 단서가 되어 줄 수 있다. 머릿속에서 속삭이는 목소리가 특히나 강력할 때, 제가 무조건 옳다며 대안에 귀를 기울이려 하지 않을 때, 그때야말로 잠시 멈춰, 혹 에고-정신이 어둠 속에서 활약하고 있는 건 아닌지 살펴볼 수 있을 것이다. 잠시 뒤로 물러나 마음속 속삭임을 주의 깊게 듣고 그 말이 얼마만큼 진실인지 파악해 보는 것이다.

에고적 생각과 함께하기 마련인 정신적 긴장 역시, 에고적 생각의 단서로 쓸 수 있다. 이런 긴장감은 대체로 매우 미묘해서 눈치채기 어렵다. 때때로 정신의 작은 조임이나 수축의 형태로 느껴질 때가 있는데, 이런 감각은 두 곳에서 기원한다. 첫째로, 언뜻 중요해 보이는 발상이나 사안에 주의를 기울일 때는 약간의 무의식적인 노력을 하게 되는데, 이는 정신적인 긴장을 낳는다. 둘째로, 에고적 생각은 대부분 불만의 요소를 품고 있는데, 이 역시 긴장에 기여한다.

미묘한 정신적 긴장은 에고의 특징이다. 그러니 다음번에 정신적 긴장감이 느껴질 때, 주의력이 긴장을 풀도록 허락하라. 그리고 내가 에고적 생각 패턴에 빠진 것은 아닌지 탐구하라. 그렇다는 판단이 든다면 그 사안을 바라볼 수 있는 또 다른 시각이 있지는 않은지 찾아보라.

하지만 주의할 점이 있다. 에고-정신은 세상을 다양한 관점으로 보려 하지 않는다. 에고-정신은 자신이 옳음과 그름을 판단할 수 있다고 믿으며, 본인의 사고방식을 넘어서는 다른 관점은 보지 못한다. 따라서 우리는 다른 방면에 도움을 청해야 한다. 에고의 손길이 닿지 않는 부분, 오염되지 않은 정신의 지혜를 받아들일 때다.

나에게 바치는 기도

사람들은 '기도'가 자신보다 고등한 존재를 향한 청원이라고 여기는 경향이 있다. 많은 이들이 사랑하는 사람이 질병이나 부상에서 회복하는 것, 새로운 도전의 성공, 더 나은 삶, 장애물을 극복할 지혜 따위를 달라고 기도한다. 이런 기도는 우리 스스로 변화하는 것이 불가능하다는 전제를 둔다. 만약 스스로 원하는 것을 얻을 힘이 있다면, 당장 팔을 걷어붙이고 나서지 않겠는가? 그럴 힘이 없다고 생각하기 때문에 신에게 우리를 대신해 개입해 달라고 간청하는 것이다.

하지만 진정으로 변해야 하는 것은 무엇일까? 사람은 대체로 세상이 변하기를 바란다. 자신을 행복하게 만들어 줄 것 같은 상황을 원하고, 반대로 고통을 불러올 것 같은 상황은

피하려 한다. 하지만 내가 행복하지 않은 이유를 자세히 들여다보면 사실은 불만족의 근원은 눈앞의 상황이 아니라 이를 보는 내 관점에서 찾을 수 있음을 깨닫게 된다.

예를 들어, 꽉 막힌 도로에 갇힌 상황을 상상해 보자. 나는 이 상황이 내게 고통 — 약속에 늦거나, 좋은 기회를 놓치거나, 누군가를 화나게 하는 등 — 을 가져다줄 원인으로 여기며 불안과 억울함과 전전긍긍함을 느낄 것이다. 하지만 몇 분 동안 느긋하게 쉴 수 있는 기회로 볼 수도 있다. 같은 상황인데, 매우 다른 두 가지 반응이 뒤따를 수 있다는 뜻이다. 그리고 이 차이는 오로지 상황을 해석하는 내 관점에서 비롯된다.

따라서 무언가에 화가 난 상황에서 내가 느끼는 짜증이 상황 그 자체보다 상황을 바라보는 내 시각에서 비롯되었을 가능성을 떠올리면 도움이 된다. 그리고 실제 그렇다는 결론에 다다른다면, 세상의 변화보다는 내 인식의 변화를 꾀하는 것이 합리적이다.

이것이 바로 나에게 바치는 기도의 정체다. 평온히 마음을 가다듬고 순수한 호기심을 담아 질문을 던지자.

'이 상황을 달리 볼 방법은 없을까?'

다만, 이에 대한 답을 직접 내놓으려 하지는 말자. 그랬다가는 분명 내 에고-정신이 움직여 해결책을 내놓으려 들 것이기 때문이다. 단순히 질문을 던지고, 손에서 놓아주어라. 그리고 기다려라.

많은 경우 새로운 시각이 떠오를 것이다. 특정한 생각이 떠오르는 게 아니라 시각이 변화하는 형태로 나타날 것이다. 나도 모르는 새, 그 상황을 새로운 관점으로 보게 되는 것이다.

이런 기도는 내게 늘 놀라운 효험을 준다. 두려움과 불만이 사라진 자리를 느긋함이 채운다. 나를 괴롭히던 것이 무엇, 혹은 누구든, 사랑과 연민을 담아 바라볼 수 있게 된다. 이 접근 방식의 장점은 세상의 변화가 아니라 내 정신의 변화를 위해 기도한다는 점이다. 가장 도움을 필요로 하는 건, 내 정신 쪽이지 않은가?

그리고 외적인 힘에 기도하는 게 아니라는 장점도 있다. 나 자신이라는 존재 — 희망과 두려움이 덮어씌워지지 않은, 실제를 볼 수 있는 동요하지 않는 정신 — 에게 지혜를 빌리기 위해 기도한다. 동요하지 않는 정신은 내가 에고적 사고방식에 사로잡혀 있음을 꿰뚫어 보며 언제나 내 해방을 도울 준비가 되어 있다.

나는 누구인가?

'당신은 누구인가?' 이 질문을 처음 접한 사람은 아마도 아래와 같은 대답을 내놓을 것이다.

'나는 질이라는 이름의 여성이며, 미국인이다. 나는 불교도, 사회주의자, 채식주의자이며, 한 아이의 어머니이자 누군가의 딸이며, 누군가의 동반자다. 나는 똑똑하고, 유머 감각이 있으며, 배려심이 깊다.'

리스트는 끝도 없이 이어질 것이다. 하지만 이런 것들이 과연 진정한 '나'라고 할 수 있는가? 위에서 말한 리스트는 내가 수행하는 역할, 하는 일, 성격적 특징, 가지고 있는 능력으로 이루어져 있다. 이 중 어느 것이든 언제라도 바뀔 수 있다. 하지만 이런 역할을 수행하고, 이런 특징을 가지고 있던 '나'

라는 존재는 여전히 존재할 것이다.

그렇다면 언제나 우리와 함께하는 '나라는 감각'은 대체 무엇일까? 이것이 바로 문제의 핵심이다. '나라는 감각'이 무엇이냐는 질문에 대한 답은, 내가 기억하는 한 지금까지의 내 삶에 변함없이 존재해 온 어떤 '나다움'의 존재를 암시한다. 그리고 이 '나다움'은 절대 변하지 않는다.

누군가는 이 감각을 '순수한 자신', '진정한 자신', 아니면 단순히 '자신(Self)'이라고 칭하리라. 'S'를 대문자로 쓴 것은 일반적이고 일상적인 정체성(self)과 구분하기 위한 것이다. 하지만 명사에 해당하는 '자신'이라는 단어는, 사람이 '나'라는 정의에 들어맞는 특정한 존재나 경험을 찾아 헤매게 만들기도 한다. 그건 마치 횃불을 들고 어두컴컴한 방에 들어가서 광원을 찾아 헤매는 사람과 같다. 불빛을 반사하는 사물은 찾아내더라도, 불빛 그 자체를 발견하지는 못할 것이다. 마찬가지로, '자신' 그 자체를 탐색하여 발견할 수 있는 것은 온갖 발상, 감정, 감각이며, 이런 경험이 제아무리 '자신'답게 느껴지더라도, 결국은 우리가 인식하는 경험일 뿐이다. 이런 경험을 의식하는 주체인 '나' 자신은 여전히 미지의 존재이다.

우리가 당면한 문제는, 정답이 있는 질문보다는 지속적인 탐구 과정에 가깝다. '나'란 대체 무엇인지를 분석하는 여정인 것이다. 질문에 대한 답을 고민하는 대신 실제 경험을 들여다보며 탐문하는 것이다. '나는 나'라고 할 때, 진정 의미하는 바가 무엇인가? 내가 '자신'에 관해 품고 있는 믿음을 넘어선 진실이 무엇인가? 정답을 찾아 헤매지 말자. 다만 열린 마음으로 탐구를 이어 가자. 그러면 고유명사 '자신(Self)'이 여러분 '자신'에게 스스로 모습을 드러낼 것이다.

조금 더 직접적인 접근 방식도 있다. '나는 어떤 존재인가?'라는 질문에서 '어떤'을 제하고, 단순히 '나는 존재인가?'라는 질문을 던져 보자. 이 질문에 대한 답은 대체로 '그렇다'라는 단순한 형태를 띠고 있을 것이다. '나는 이러저러한 존재다'가 아닌, 순수한 '그렇다' 말이다.

'나는 존재한다'는 동사 '존재하다'의 일인칭 표현이다. 이는 존재에 관한 인간의 직접적인 앎 — 존재함이 우리에게 어떻게 느껴지는가 — 이다. 무언가, 혹은 누군가로 존재하는 것이 아니라 그저 존재하는 것. 모든 경험의 핵심에는 개인으로서 존재한다는 감각이 있다. 우리는 이 감각을 '나'라고 한다.

사람들은 으레 이 '나'는 형언할 수 없는 존재라고 말한다. 글이나 말로는 묘사할 수 없다는 뜻이다. 인간에게 '나'의 성질을 묘사할 단어가 모자라서가 아니라, '나'에게 묘사할 성질 자체가 존재하지 않기 때문이리라. 그런 성질이 존재했더라도, 이는 알려진 특성 — 경험의 대상 — 일 뿐이며, 실제 경험의 주체는 될 수 없다.

묘사할 수 있는 특성이 없다면, 내가 느끼는 '나'라는 감각과 여러분이 느끼는 '나'라는 감각을 구분할 방법이 없다. 개인의 정체성, 욕구와 가치, 세상을 경험하는 방식에서 인간은 서로 무척 다르다. 누군가가 자신의 다양한 생각과 감정을 내게 알려 준다면 그 사람으로 살아가는 것이 어떤 기분인지 어림잡아 짐작할 수 있을지 몰라도, 그 사람으로 존재하는 것이 어떤지 진정으로 이해하는 것은 불가능하다.

하지만 나는 그 사람이 느끼는 핵심적인 '나'라는 감각이 무엇인지 정확히 알고 있다. 나 역시 그와 같은 그리고 세상 모든 사람과 같은 감각을 느끼기 때문이다. 우리 모두는 다 같은 '존재의 감각'을 공유한다.

이 점에서, 인류는 하나다.

사트-치트-아난다

사트(Sat)-치트(Chit)-아난다(Ananda)는 인도의 가르침에 흔히 등장하는 주제로, 일반적으로 '실재-의식-지복'으로 번역한다. 어떤 사람들은 이 개념을 언젠가 반드시 이루어야 하는 의식 상태로 받아들이는데, 이는 무언가 새롭고 이국적인 경험을 찾아 헤매게 만든다. 하지만 이 표현이 처음 등장하는 2,500여 년 전의 글을 되짚어 보면, 사트-치트-아난다가 실은 고유한 '자신'을 묘사한다는 사실을 알 수 있다.

산스크리스트어 '사트'는 '본질', 혹은 '존재하며, 절대 바뀌지 않는 것'이라는 뜻을 지니고 있다. '존재하다'라는 동사의 현재분사로써, '사트'는 문자 그대로 '존재'라고 해석할 수 있다. 이는 '나는 존재한다'는 선언이 나의 존재에 대한 인지를 암시한다는 해석과 비슷한 맥락이다.

'치트'는 '의식'을 뜻한다. 존재한다는 것은, 의식하는 것이다. '의식'을 소유한 '나'라는 개인의 맥락에서 '나'에게 의식이 있다는 뜻이 아니다. 다만 내가 '의식'으로서 존재한다는 뜻이다.

'아난다'는 '더없는 행복', '지복'이라고 해석하는데, 이는 열광적, 혹은 극심한 행복을 연상시킨다. 이 해석은 아마 초기 동방 문헌을 번역한 서양 번역가들한테서 비롯되었을 것이다. 이들은 개인적 경험이 전혀 없는 상태에서 자신의 문화적 이해를 바탕으로 최선의 번역을 했을 것이다. 하지만 많은 이들이 이런 가르침이 추구하는 상태를 맛본 오늘날, 우리는 비로소 이 말의 또 다른 해석을 이해할 수 있다.

산스크리스트어인 '아난다'는 'ānanda'에서 그 뿌리를 찾아볼 수 있다. '난다'는 만족감, 또는 충족감을 의미한다. 접두사 '아(단모음 아보다는 장모음 아에 가깝다)'는 강조의 뜻이 있다. 따라서 '아난다'는 '큰' '만족'을 의미한다. 스스로 존재로 회귀함으로써 생겨나는 크나큰 만족감 말이다.

그 상태에 머무르면 사람은 더 할 것도, 더 할 수 있는 것도 없는 자연적인 안락함을 누릴 수 있다. 이곳에는 무언가를 소유하고자 하는 갈망도, 어딘가에, 혹은 누군가로서 존재하고자 하는 갈망도 찾아볼 수 없다. 이런 상태를 '지복'이라 할 수도 있겠지만, 실제로는 우리가 일반적으로 떠올리는 강렬한 행복감보다는 조용하고 잔잔한 행복에 가깝다.

바로 여기에서 인간의 모든 갈망의 궁극적인 목표를 찾아볼 수 있다. 충족을 좇아 시간과 에너지를 소비하지 않는, 지금보다 만족스럽고 평화로운 정신 상태이다. 불교도들은 이 상태를 '열반(nirvana)'이라 한다. 이 용어는 촛불을 불어 끌 때와 같은 '불다'라는 단어에서 유래되었다. 통제나 금욕이 아니라 평생 찾아 헤매던 결론에 도달함으로써 비로소 욕망의 불꽃이 꺼진 상태가 바로 열반이다. 열반에 이른 자에게, 갈망의 대상은 더 이상 존재하지 않는다.

누군가는 이런 질문을 던질지도 모른다. '내가 그런 충족감을 누린다는 가정하에 안락하고 평화롭고, 모든 욕망의 근거인 목표가 충족되었는데도 뭔가를 하고 싶은 마음이 들까요?' 이에 대한 답은 다음과 같다. '그런데도, 하고 싶을 것이다.' 여러분의 마음속에 행동하고자 하는 동기는 계속 존재할 것이다. 다만 에고-정신이나 개인적 불만감, 혹은 고통에서 비롯되지 않은 동기라는 점이 다를 뿐이다. 이 동기는 마음 깊은 곳에서, 타인을 향한 연민에서 우러나온다.

고통받는 사람을 볼 때, 우리는 당연히 도움의 손길을 건네고 싶어 한다. 세속적인 방식으로 고통을 덜어 주든, 아니면 그들 스스로 고통의 원인을 깨닫게 하든 말이다. 고통받는 생명을 발견할 때면 언제나 적용되는 원칙이다. 여러분은 분명 돕고 싶은 마음이 생길 것이다. 부처의 말씀을 인용하자면, "깨우침을 얻은 자는 만물의 고통이 사라질 때까지 쉬지 않기 때문이다."

깨우침의 재구성

영적 깨우침은 으레 수년간 수련한 소수, 혹은 행운아들만 얻을 수 있는 막연한 목표라고 여기고는 한다. 이런 사고방식에 따르면 깨우침이란 사람이 얻거나 이룰 수 있는 대상이며, 인간에게 허락된 또 하나의 의식 상태이고, 일상적이고 따분한 의식을 대체하는 존재다. 하지만 깨우침은 어마어마하고 황홀한 새로운 경험 따위가 아니며, 오랫동안 수련해야 하는 것도 아니다. 깨우침이란 단지 에고-정신이라는 꿈에서 깨어나는 것을 의미한다. 깨우침이란 완전히 놓아주는 것의 결실이다.

인간의 일차적인 현실은 감각적으로 경험하는 세계이다. 지금 이 순간 보고, 듣고, 맛보고, 냄새를 맡고, 느끼는 것들 말이다. 여기에 더해 생각의 세계, 지금 일어나는 일, 원하는 것, 원하는 것을 얻는 방법에 관한 자의적인 해석도 존재한다. 이 상상의 세계에서 사람은 과거와 미래를 넘나들며 자신의 경험과 가능성을 되짚어 보며, 결정을 내리고 계획을 세운다.

상상의 세계를 살아가는 것 자체는 아무런 문제도 없다. 자신의 경험을 깊이 생각해 보고, 다양한 미래를 꿈꾸며, 그런 미래를 계획하는 것은 소중한 능력이다. 이런 능력은 인간을 인간답게 만들어 주는 것들 — 문화, 과학, 기술, 예술, 철학 — 의 기반을 이룬다. 다만 때가 되었을 때, '지금, 여기'라는 일차적 현실로 돌아오면 된다.

하지만 상상의 세계는 무척 매혹적이고 중요하게 느껴지기 때문에 사람은 여기에서 대부분의 시간을 보내곤 한다. 이 세계에서 인간의 주의력은 자의적 해석, 희망, 두려움, 욕망, 혐오에 지배당한다. 생존을 우선시하여 내게 안전과 안정, 욕구의 충족, 행복을 가져다줄 만한 것들을 탐색하는 것, 바로 에고-정신의 세계이다. 이런 생각은 현재라는 경험을 퇴색시키며 인간의 본질을 가린다. 더더욱 심각한 것은, 이런 생각이 인간이 행동을 통해 행복을 좇는 데 집착하게 만든다는 점이다.

하지만 언젠가, 물질과 명성과 재산 혹은 또 다른 행복의 원천으로 여겨지는 것을 좇는 것이 지속적인 충족을 가져다주지 못하는 순간이 올 것이다. 이것들은 전부 윤회(samsara),

다시 말해 일시적인 만족 사이에서 영원히 헤매게 만들 뿐이다. 많은 이들에게 이 깨달음은 변화의 첫걸음이다.

깨달음을 얻은 사람은 더 영구적인, 물질적 세계에서 독립된 행복을 약속하는 영적 가르침에 이끌리기도 한다. 그리고 '깨우침'을 얻기 위한 여정을 떠난다. 하지만 대부분은 에고-정신이 개입한다. 에고-정신은 행복의 열쇠가 자신에게 있다고 생각한다. 반드시 이 해답을 찾아내고, 달성해야 한다고, 우리는 반드시 깨우침을 얻어야만 한다고 말이다.

이런 자기중심적인 동기로 영적인 길을 추구하는 사람을 비난하기는 쉽다. 하지만 인도의 가르침에서 자주 이야기하듯이 가시를 뽑으려면 가시가 필요할 때가 있다. 에고-정신을 초월한 영적 자각의 길을 걷기 위해서는, 에고-정신이 필요할 수도 있다는 소리다.

여러분은 다양한 접근 방식을 시도해 보는 과정에서 놀라운 경험을 할 수도 있다. 하지만 머지않아 깨우침이란 새로운 경험도, 우리가 이룩해야 할 고귀한 상태도 아니라는 것을 인지하게 될 것이다. 깨우침이란, 다만 꿈에서 깨어나는 것과 같다는 사실을 말이다.

이것이 바로 문화와 시대를 넘어서 신비주의자들이 때로는 찰나에 경험하고, 운 좋은 몇몇은 지속해서 누려 온 상태이다. 신비주의자들은 입을 모아 깨달음에 뒤따르는 평화, 사랑, 자유를 말했다. 진정한 자신의 발견, 신성한 감각, 영원한 현재의 무한함을 말했다. 허물어진 경계와 우주 만물과의 일체감에 관해 증언했다.

어떤 사람들은 깨달음을 얻으면 그걸로 끝이다. 이런 이들은 계속해서 '깨어난' 상태로 살아간다. 하지만 절대다수의 사람들은 명상 중에, 극도의 환희 속에, 혹은 놓아주는 행위를 불러일으키는 특수한 상황에서 잠시 깨달음을 맛볼 뿐이다. 이런 순간은 지속되지 않는다. 이들은 얼마 지나지 않아 또 한 번 불만족이라는 고통 속에서 눈을 뜬다. 깨달음의 순간은 희미한 기억으로만 남아 있을 뿐이다.

설사 그렇다 하더라도, 이들은 한 번 깨달음의 맛을 보았다. 이는 다시 그 상태로 돌아가고자 하는 동기가 되어 줄 수 있다. 반복할수록, 깨달음이 익숙해진다. 익숙해질수록, 에고적 사고방식에 붙잡힌 순간을 잘 인지하고 더 잘 놓아줄 수 있게 된다.

인도식 가르침은 옷감을 염색하는 과정과 같다. 옛날 식물성 염료는 염색하는 데 시간이 오래 걸리는 데다 금세 물이 빠졌다. 그래서 사람들은 염료에 담근 옷감을 햇볕에 쬐어 빛이 바래도록 했다. 그런 다음에 다시 염료에 담갔다가, 또 한 번 빛이 바래도록 하는 것이다. 반복할수록 쌓이고 쌓인 색감은 영구적으로 남게 된다.

사람 역시, 진정한 본질의 안락함과 자유에 발을 담글 수 있으리라. 여기에서 발견한 진정한 본질은 속세를 살아가는 동안 희미해진다. 그러면 다시 한 번 발을 담근다. 그리고 또 한 번, 한 번 더. 이렇게 자유는 조금씩 단단해진다.

길이 없는 길

몇몇 영적 스승은, 깨우침에 왕도가 없다고 주장한다. 깨우침을 얻기 위한 기술이나 훈련 같은 것이 존재하지 않는다는 말이다. 이들은 명상조차 필요가 없으며, 아무것도 하지 않는 것이 옳다고 가르친다.

분명 진리가 깃들어 있는 가르침이다. 중국 불교의 창시자 가운데 한 사람인 의현은 인간이 영적 각성과 함께 얻게 되는 깨달음에 대해 "해야 할 일도, 가야 할 곳도, 되어야 하는 인물도 없다."라는 말을 했다.

깨우침은 지금보다 고등한 의식 상태나 특별한 경험을 말하는 게 아니다. 깨우침이란, 단순히 존재하는 기쁨에서 떨어트려 놓는 모든 것을 놓아주는 것이다. 깨우침을 얻은 사람은 지금 이 순간 여기가 아닌 곳에 갈 이유를 느끼지 못한다.

갈 곳이 없으니, 할 일도 없는 것이 당연하다. 문제는 끊임없이 행동하고자 하는 인간의 습성이다. 세상 만물이 우리 뜻대로 흘러가야 한다는 집착을 놓아주고, 진실한 본성이라는 기쁨으로 회귀한다면, 늘 찾아 헤매던 — 다만 내면이 아니라 속세에서 찾아 헤매던 — 것을 발견하게 될 것이다.

깨우침을 얻은 자에게 세상은 언제나 같은 모습이며, 경험 역시 언제나처럼 같은 형태를 유지한다. 변하는 것은 '나'라는 감각이다. 깨우침을 얻은 자는 자신을 고유하고 개인적인 '나'로 인지하지 않는다. 내가 되어야 하는 인물상도, 자기 표현과 인정을 추구하는 개인도 더는 존재하지 않는다. 깨우침을 얻은 자는, 태초부터 지금까지 언제나 같았던 진정한 자신을 인지한다. 모든 경험의 핵심에 살아 숨쉬는 '나'를 말이다.

하지만 앞서 말한 가르침을 설파하는 스승 다수는 분명 왕도를 걸었다. 어떤 이들은 수년간 고유명사 '나'를 탐구했고, 다른 이들은 무조건적인 항복, 경험의 급진적 해체, 혹은 특정한 명상 훈련의 길을 걸었다. 지금 이 글을 쓰고 있는 나의 깨달음은, 정신이 편안하고 고요한 상태였던 깊은 명상 중에 찾아왔다. 그 순간, 가야 할 곳도 해야 할 것도 없음은 의심할 여지없는 진실이었다. 하지만 나 역시 손에 쥔 것을 놓아주고 자연적 정신 상태로 돌아가라는 가르침의 길을 걷지 않았더라면 의현의 말에 깃든 심오한 진실을 완벽히 이해할 수 없었을 것이다.

따라서 아직 깨우침을 얻지 못한 정신의 관점에서, 왕도는 분명 존재한다. 이 왕도는 우리가 놓아주는 능력을 기르는 데 도움을 주며, 생각하는 정신이 안정되도록 돕고, 언제나 존재하는 불변의 '나'를 가로막는 장애물을 넘어서는 데 도움을 준다. 이 왕도는 아무것도 하지 않는 법을 익히는 데 시간을 투자하라고 자꾸만 권한다.

물러나라

휴식을 하라. 평생 할 일을 다 마친 뒤, 생업에서 은퇴하여 나 자신에게 쓸 시간이 많아진 뒤에 그러라는 소리가 아니다. 지금 당장, 일상생활에서 쉬도록 하라.

마음이 쉬도록 허락하라.

당신의 마음을 사로잡고 있는 것이 무엇이든 간에, 집중하고 있는 것에서 한 발자국 뒤로 물러나라. 문제의 생각에 사로잡히기 전에 이미 존재하던 것들을 주목하라.

원래 그 자리에 있었던 것은 감정, 느낌, 몸의 감각, 호흡, 혹은 주변에서 들려오는 소리일 수도 있다. 그 정체가 무엇이든 상관없다. 때마다 각각 다른 경험이 수면 위로 떠오를 것이다. 다만 언제나 존재했으나 인지하지 못했던 것에 주의를 기울이도록 하라.

그리고 다시 한번, 물러나라. 당면한 생각에서 물러나, 감각과 감정이라는 수면 아래에 내내 존재해 왔던 것을 인지하도록 하라.

여기에도 정답은 존재하지 않는다. 중요한 것은 과정 그 자체이다. 잠시 멈춰서 존재하는 것들을 눈여겨보자.

그리고 다시 한번 물러나라.

그리고 다시 한번…….

다른 누군가가 되는 것

어째서 사람은 자신이 특정한 개인이라는 감각을 지니고 있는 걸까? 이 감각의 원천은 어디인가?

'자신'을 찾으려 하면 손에 잡히는 것은 생각, 느낌, 감각이 전부다. 나타났다가도 언제든 사라지는 것들이다. 여기에서 생각하고 감정을 느끼는 영원한 '자신'은 찾을 수 없다. 그런 생각과 감정에 관한 인식이 존재할 뿐이다.

내 생각과 감정을 인지하는 주체인 '나'를 찾으려 해도 손에 잡히지 않는다. 세상을 인식하는 '나'라고 여겨지는 대상은 결국 또 다른 종류의 경험일 수밖에 없다. 그 경험을 인지하는 진정한 '나'는 아니다.

그런데도 나는 여전히 '고유한 자신'이라는 진실하고 지속적인 감각을 느낀다. '나'는 이 육신 안에서 살아가는 존재이고, '저 바깥'의 세상은 '나'가 아니라고 느낀다. 앨런 와츠는 이를 '피부에 둘러싸인 자아'라고 했다.

내가 육신 속에 존재한다는 감각은 실재한다. 육신에는 살아 있다는 감각 — 피부와 근육의 미묘한 느낌, 움직임의 감각 — 이 존재한다. 이런 것들이 모두 내가 육체를 소유했다고 뚜렷하게 감각하는 데 한몫을 한다.

주변의 다른 신체를 볼 때, 사람은 저들이 제각기 내적 자아를 소유했으리라 생각한다. 이들 자아는 서로 구분되며, 고유하고 자신만의 정체성과 성격을 갖추고 있다.

'나'라는 감각이 진실하며, 자신은 다른 '자아'들과는 다르다는 믿음 속에, 인간은 자신을 묘사하고 정의할 방법을 찾아 헤맨다. 세상이 우리를 바라보는 시각, 소화하는 역할, 사회적 지위와 직업, 국적, 이름, 가족, 신념, 교육, 관심사……. 모두 "당신은 누구인가요?"라는 질문을 받았을 때 일차적으로 떠올리는 것들이다. 이런 것을 비롯해 사람이 자신의 정체성을 구성한다고 여기는 수많은 특징은, '나'의 위로 두르는 옷이라고 생각할 수 있을 것이다. 다만 이 경우는 벌거벗은 임금님의 경우와는 반대다. 옷은 많은데, 그걸 입고 있는 임금님은 찾을 수가 없는 것이다.

인간은 또한 겪어 온 과거, 방문했던 장소와 했던 일에서 정체성을 찾으려 한다. 스스로 만들어 낸 이야기의 인물이 되어, 삶이라는 극 속 주인공의 여정을 떠나는 것이다. 좋은 일과 나쁜 일을 겪고, 어려움과 장애물에 맞서며, 지식을 쌓고 목표를 이루며, 다른 '인물'들을 만나고, 그중 몇몇과 사랑에 빠지고, 다른 몇몇과는 대적하며, 새롭고 명확하지 않은 미래를 향해 끊임없이 여행한다.

소설에 몰입해서 읽을 때면, 극적인 이야기와 인물들의 모험에 푹 빠지는 바람에 내가 이야기의 독자라는 것도 잊을 때가 있다. 비슷한 방식으로, 사람은 때때로 '나'라는 극에 지나치게 빠져드는 바람에, 삶이라는 이야기를 인지하는 존재가 — '나'라는 이름의 주인공과 함께 — 바로 '나'임을 잊어버린다.

생각이라는 경험은 개인이라는 환상을 더더욱 강화한다. 우리 생각의 대부분은 스스로와 하는 내적 대화이며, 일어나고 있는 일이나 해야 할 일, 일을 수행하는 방식 등에 관한 해설이다. 이런 자신과의 대화는 마음속의 목소리라는 형태를 갖는데 이는 몹시 익숙한, 나를 닮은 목소리이다. 그래서 이게 바로 '나'라고 생각하기 쉽다. 이 착각 속에서, '나'는 생각을 인식하는 존재가 아닌, 우리의 생각을 떠올리는 그릇이 된다.

더해서 사람은 의식의 존재 그리고 이를 동반하는 '나'라는 감각의 존재를 느낀다. 어떻게 그러지 않을 수 있겠는가? '

나'라는 감각은 모든 경험의 핵심에 존재하는데 말이다. 사람은 이 '나'라는 감각이 '나' 개인에게 속한다고 여긴다. '나'라는 감각 자체가 의식을 지니고 있는 존재라고 말이다.

하지만 의식은 '나 자신'이 형성되기 이전부터 존재해 왔다. 아주 어릴 적, 정체성이 생겨나기 이전에도 여러분에게는 분명 의식이 있었다. 그리고 신비주의적 경험에서 종종 일어나는 것처럼, '나'라는 감각이 용해되는 순간에도, 의식은 남아 있을 것이다. 다만, '나'라는 개인이 존재하지 않음을 깨닫게 될 뿐이다.

'나 자신'의 정체성을 구성하는 것은 모두 의식에서 비롯된다. 신체 안에 존재한다는 감각, '자신'이 걸치고 있는 옷, 삶을 헤쳐 나가는 '자신'의 여정, 머릿속에서 들려오는 목소리까지…… 이는 모두 당신이 인지하는 것들이다. 하지만 '의식'으로서의 당신은 개인이라는 정체성과는 독립적으로 존재한다.

앎의 파급 효과

생각은 무엇으로 이루어져 있는가?

생각은 물질적 존재가 아니다. 원자나 물질적인 요소로 구성되어 있지 않다. 하지만 생각은 분명 존재한다. 그렇다면 생각의 실체는 무엇인가?

이 질문에 대한 답을 고민하는 일이 흔치 않기에, 사람은 정신적 현상의 구성 물질을 일컫는 단어를 모른다. 어쩌면 생각이 '정신-물질'로 만들어져 있다고 하는 게 가장 적절할지도 모르겠다. 이 표현 자체로는 별 의미가 없으나, '물질-물질'과의 차이를 강조하는 맥락에서만큼은 의미가 있다.

생각은 대체로 사람이 자신에게 하는 말, 이미지, 기억 따위로 이루어져 있다. 이들의 공통된 요소는 무엇인가? 모두 의식에서 비롯된다는 점이다. 따라서 생각은 의식에서, 혹은 의식으로 만들어진다고 할 수 있을 것이다. 그렇다면, 여기에서 말하는 '의식'이란 무엇인가?

영어로 '의식'을 뜻하는 단어인 'consciousness'의 어미 '-ness'는 "무언가가 띠고 있는 상태 혹은 특성"을 의미한다. 행복(happiness)은 행복(happy)한 상태(-ness)이며, 부드러움(softness)는 부드러운(soft) 특성(-ness)인 것처럼 말이다. 하지만 행복도 부드러움도, 독립적으로 존재하지는 않는다. 마찬가지로 의식(consciousness)은 "의식이 있는 상태 혹은 특성"에 해당하지만 독립적 개체로 볼 수는 없다.

'의식이 있다'라는 뜻의 영어 단어 'conscious'는 라틴어 'conscius'에서 유래했는데, 이는 말 그대로 "알고 있는"이라는 뜻이다. 생각은, 사람이 생각을 앎으로써 등장한다. 생각이 사람의 아는 범위 — 모든 경험이 일어나고 해석되는 정신적 공간을 의미한다 — 안에 나타난다고 할 수 있을 것이다.

생각은 바다의 파도와 같다. 파도는 움직이는 물에 불과하다. 파도는 '물'에서 분리된 독립체로 존재할 수 없다. 사람은 파도를 특정한 모양이나 형태로 인식하지만, 파도의 본질은 움직임, 그러니까 물의 자극과 움직임일 뿐이다. 마찬가지로 생각은 아는 범위의 자극, 혹은 동요라고 할 수 있다. 생각은 '앎'이라는 물가에 이는 파문이다.

다른 정신적 현상에도 같은 원칙이 적용된다. 눈을 감고 신체의 경험에 집중하면 다양한 감각이 느껴질 것이다. 어딘가의 압박, 어딘가의 온기 또 어딘가의 긴장감. 이런 경험 역시 '앎'의 파문일 뿐이다.

소리도 마찬가지다. 노래 한 곡조를 떠올려 보면 이해하기 쉬울 것이다. 음악을 상상하는 것은 분명 마음에서 우러나는 경험이다. 하지만 실제로 음악을 듣는 것은 음악을 상상하는 것과 근본적으로 차이가 없다. 뇌는 귀에서 전달된 데이터를 받아들이고, 소리를 묘사하는 상을 만들어 내며, 이것이 마음속에서 음악의 형태로 나타난다. 우리가 경험하는 소리도 '앎'이 일으키는 파문의 한 종류일 뿐이다. 다만 육신 밖의 세상 — 보통 '현실'이라고 하는 곳 — 에서 유래하는 것으로 여길 뿐이다.

눈을 뜨면, 우리의 현실은 더 큰 현실감을 띤다.

시각은 우리를 현실적이고 물리적 물질로 가득한 외부 세상으로 데려다준다. 하지만 아무리 현실적이더라도, 시각적 경험도 다만 '앎'의 파동일 뿐이라는 것을 인정할 수밖에 없다.

이쯤에서 점점 머리가 아프기 시작할 것이다. 사람이 경험하는 색채는 다만 마음에 등장하는 존재다. 빛에는 색이 없다. 빛은 특정한 주파수의 에너지일 뿐이며, 색채란 우리 마음속에서 그 주파수를 묘사한 것이다. 다른 모든 경험도 마찬가지다. 사람은 언뜻 보기에 세상을 직접 경험하고 있는 것 같지만, 실제 우리의 경험은 모두 저 바깥의 세계를 묘사하는 특정한 상(像)이 개인의 '아는 범위'에 나타나는 현상일 뿐이다.

사람이 저 밖의 세계를 직접 경험하지 못한다는 것은, 그가 세상에 관해 아는 게 없다는 의미가 아니다. 하지만 그가 하는 세상 경험은 전부 마음속에 떠오른 상을 탐구하고, 거기에서 물질계에 관한 결론을 내리는 데서 비롯된다. 만물이 어떻게 기능하는지 추론하는 것은 과학의 목적이기도 하고, 우리가 발견할 수 있는 모든 것이라고 할 수 있다. 세상에 관한 지식과 이해, 과학 이론과 수학 공식, 물질과 에너지와 공간과 시간에 관한 개념, 쿼크와 끈 이론에서 끈과 입자와 파동에 관한 모든 발상도 정신적인 현상일 뿐이다.

나는 어디에 있는가?

“당신은 누구인가요?”라는 질문에 사람은 어쩌면 모든 앎의 한가운데 있는 “나라는 존재”라고 대답할 수 있으리라.

“당신은 어느 순간에 존재하고 있나요?”라는 질문에 대한 답은 당연히 “지금”일 것이다. 설사 과거와 미래에 관한 생각을 하고 있더라도, 내가 존재하는 것은 언제나 지금 이 순간이기 때문이다.

“당신은 지금 어디에 있나요?”라는 질문에는 “여기”라고 답할 수 있을 것이다. 너무나도 당연하지 않은가?

하지만 ‘여기’는 무엇을 의미하는가? 어쩌면 당신은 자신의 육신이 있는 곳을 가리킬지도 모르겠다. 따라서 의식도 그곳에 있다고 생각하기 쉽다.

여러분이 읽고 있는 이 글은 아마 눈에서 30에서 60센티미터쯤 떨어진 곳에 존재할 것이다. 그보다 조금 더 앞에는 어쩌면 탁자가 놓여 있을지도 모르겠다. 창문 너머에는 먼 풍경이 펼쳐져 있을 것이고, 발밑에는 땅이 있을 테고, 어떤 측은 등 뒤에 존재하는 공간을 인지하고 있을 것이다. 세상은 우리, 모든 인지의 주체인 '나'를 중심으로 정렬된 것 같다.

이 '나'라는 감각은 머릿속 어딘가에 존재하고 있는 것처럼 느껴진다. 뇌가 머릿속에 있다는 점에서는 맞는 말이다. 뇌와 의식 사이에는 분명한 연관성이 있으니까 말이다. '나'라는 감각이 무릎 어딘가에서 느껴진다면 이상하지 않겠는가?

하지만 보이는 게 전부는 아니다. 의식의 위치는 사실 뇌의 위치와 아무런 관계가 없다. 의식의 위치는 오히려 오감의 배치에 달려 있다.

공간적인 감각은 우선 눈과 귀에서 비롯되는데, 둘 다 머리에 달린 기관이다. 따라서 지각의 중심 — 여러분이 세상을 경험하게 되는 지점 — 은 두 눈과 두 귀 사이 어딘가에 있을 것이다. 그러니까 머리의 중간쯤 되는 지점 말이다. 여러분의 뇌가 하필 머리 안에 들어 있다는 것은 다만 우연의 일치에 지나지 않는다. 아래의 실험이 이를 증명한다.

여러분의 눈과 귀가 무릎에 이식되었다고 상상해 보자. 이제부터는 무릎이 세상을 보고 듣는 새로운 지점이다. 이 상황에서, '나'라는 감각은 어디에 있다고 느끼게 될까? 머릿속? 분명 여러분의 뇌는 여전히 머릿속에 있겠지만, 머리는 지각의 중심이 아니게 될 것이다. 세상을 새로운 지점에서 인식하며, 여러분은 '자신'이 이 새로운 시야의 중심에 있다고 느낄 것이다. 당신의 자아는 이제 무릎에 존재한다!

단순히 말해서 사람의 의식이 특정한 공간에 존재한다는 느낌은 환상일 뿐이다. 여러분은 당연히 경험의 중심, 즉 여러분이 인식하는 세상의 중심에 '나'가 있다고 느낄 것이다. 하지만 여러분이 인식하는 세상은 당신의 의식에 나타난다. 그런 의미에서 세상은 여러분 '안'에 존재한다고 볼 수 있다.

사람의 의식은 세상 어딘가에 존재하는 무언가가 아니다. 사실은 그 정반대가 옳다. 사람이 인식하는 세상은 그의 의식에서 비롯된다. 의식이 바로 세상의 중심에 있다는 본인의 착각과는 달리.

생각하지 않을 자유

자유의지가 있는지, 다시 말해 언제 무엇을 할 것인지 자유롭게 고를 수 있는지와 별개로, '의지'가 자유로울 수 있는 방법이 있다. 이는 '무엇을 할 수 있는 자유'보다는 '무엇에서의 자유'에 가깝다. 바로 '에고'의 의지에서의 자유다.

에고-정신은 언제나 안전을 보장하는 무언가를 찾아 헤맨다. 에고-정신의 의지는 강력하며, 강력해 마땅하다. 우리의 안녕과 관련된 상황에서 에고-정신은 빠르게 결단을 내리고, 한 번 정한 행동 방침을 고집스럽게 따를 필요가 있다. 하지만 대부분의 경우 에고-정신은 상상 속 욕구나 위험에 의해 일어났다가 더는 도움이 되지 않는 존재로 전락한다.

에고-정신을 뒤로하면, 새로운 종류의 자유를 누릴 수 있다. 대부분 생각의 근원인 불만족에서의 자유. 무언가를 하고자 하는 욕망에서의 자유. 자연적 상태의 편안함과 안락함 속에서 휴식할 수 있는 자유 말이다.

이와 함께 선택하지 않는 것을 선택할 자유가 주어진다.

결정을 내려야 하는 상황에서 생각하는 정신이 최적의 해결책을 구상하도록 놓아두는 대신, 여러분은 생각을 잠시 멈추는 쪽을 택할 수 있다. 특정한 생각의 타래를 좇지 않는 쪽을 택하는 것이다.

생각이 곧 돌아오더라도, 한순간이나마 여러분은 생각의 타래를 끊어 내는 데 성공했다. 습득한 생각 패턴에서 벗어나 새로 시작할 자유를 얻은 것이다. 나는 이를 '생각하지 않을 자유'라고 하겠다. 마음속으로, 어떤 생각의 타래를 더는 좇지 않겠다는 의미에서 말이다.

유혹적이지만 내게 불필요하거나 해로운 생각에 사로잡혀 있음을 깨달았다면, '생각하지 않을 자유'를 발동시켜 보자. 욕망이 저항해야 하는 무언가로 피어나기 전에, 일찍이 그 봉오리를 닫아 버릴 수 있으리라.

확률적으로 절대 일어나지 않을 만일의 사태에 대비하는 데 온통 정신이 팔린 상태인가? 생각의 타래를 좇지 않는 쪽을 택하고, 불필요한 걱정과 긴장을 덜어 내도록 하자.

과거의 불만을 되새기기 시작했다면, 이 역시 놓아주는

것을 선택하라. 그리고 당신이라는 존재 자체의 고요함에서 평화를 찾도록 하라.

생각하지 않을 자유는 진정한 자유의지이다, 에고-정신에서 벗어나는 해방이다.

선택하지 않는 것을 선택할 자유. '유' 대신 '무'를 선택할 자유 말이다.

자연의 조력

칼 융은 인간이라면 누구나 때때로 경험하는 놀라운 우연을 가리켜, '동시성(synchronicity)'이라는 단어를 만든 바 있다. 이런 우연은, 두 개 이상의 연관 없는 사건이 뜻밖의 방식으로 한 곳에 모인다는 점에서 놀라운 현상이다. 동시성은 단순하고 순수하게 일어난 우연의 일치하고는 완전히 다른 것이다. 이런 사건은 적절한 때에 우리가 필요로 하는 것을 가져다주고, 새로운 기회의 문을 열어 주는 등 각종 지원사격을 하는데, 이는 때때로 기적처럼 느껴진다.

예시를 하나 들어 보자. 수련회 참석을 마치고 집으로 가던 날이었다. 나는 도로에서 벗어나, 시골길을 탐험하며 쉴 수 있을 만한 조용한 곳을 찾고 있었다. 어느 울타리 근처에 멈춰 서서 풍경을 감상하고 있는데, 내가 참가했던 수련회의 지도자 가운데 한 명이 옆을 지나쳐 가는 것이 아닌가? 그를 다시 만나고 싶다는 생각을 하기는 했지만, 바로 이 지역에, 그것도 바로 이 길 끄트머리에 그 사람이 살고 있으리라고는 상상도 하지 못했다.

감사하게도 내가 인도에서 사사한 마하리쉬는 이런 현상을 '자연의 조력'이라고 설명했다. 수련자들의 영적 전진을 평가할 때면, 마하리쉬는 우리가 명상 중에 겪는 것 — 순수한 '자신'을 인지했는지, 더 고등한 의식 수준에 다다랐는지 — 에는 그다지 관심이 없었다. 그보다는 우리가 '더 강력해진 자연의 조력'을 느꼈는지 알고 싶어 했다. 수련자 자신의 욕망과 의도를 세상이 돕는 것을 느꼈는지, 다시 말해 삶에서 더 강력한 동시성을 느끼게 되었는지 물었다.

그의 설명은 다음과 같았다. 인간의 생각 대부분은 에고 중심적인 필요와 욕망에서 기원한다. 인간의 이런 자기중심적인 면모는 많은 문제 — 국제적, 환경적 문제부터 사회적이고 개인적인 문제까지 — 의 근원이다. 명상을 함으로써, 사람은 이런 에고-정신을 극복한다('넘어선다'). 에고-정신의 어긋난 가치에서 해방되면서, 가장 근본적인 의미에서 자연에 힘을 실어 주는 것이다. 그리고 자연은 이에 대한 보답으로 우리의 조력자가 된다.

마술적 사고에 기반한 이야기로 느낄지도 모르겠다. 하지만 경험상, 내가 겪은 동시성의 수준은 대체로 내 의식 상태를 반영했다. 명상을 자주 할 때면, 특히 명상 수련회에 참석한 뒤에는 내가 필요한 것으로 이끌어 주는 수많은 작은 우연이 일어나고, 삶이 잘 풀리는 느낌이 들었다. 마치 우주가 내 최선의 이익을 꾀하며, 나로서는 상상조차 할 수 없는 방식으로 내 염원을 이루어 주기라도 하는 것처럼 말이다.

반대로 스트레스를 받고, 나 자신과 접촉하지 않은 상태로 걱정에 휩싸이는 것처럼 중심이 어긋나 있는 상황에서는 동시성이 풍요롭게 흐르지 않는다.

더해서, 동시성은 세상과 적극적으로 교류할 때 더 자주 일어나는 것 같다. 숲속 오두막에 홀로 앉아 평온하게 나 자신과 긴밀하게 접촉할 때, 동시성은 그다지 자주 일어나지 않는다. 주요한 동시성은 거의 언제나, 어떤 방식으로든 다른 사람들과 연관되어 있다. 마치 타인과의 상호작용이 우주적인 계획의 손길이 내게 더 많은 기회를 제공할 수 있게 만드는 것처럼.

동시성이 일어나도록 강제할 수는 없으나 — 동시성의 본질은 우연이므로 — 유도하는 것은 가능하다. 에고적 발상에서 한 걸음 물러나 본질적인 나의 존재와 재차 접촉함으로써 자연의 조력자가 될 수 있다. 그리고 우리의 진정한 본성을 닻 삼아, 세상과 온전히 교류할 수 있을 것이다. 언제라도 바깥으로 나가, 자신과 타인의 의도와 각성에 도움이 되는 어떤 방식이나 역할이라도 할 수 있을 것이다.

그리고 자연이 제공하는 조력을 누리며 감사하면 그만이다.

용서

용서는 쉽지만은 않다. 공격당하거나 상처받은 기분이 들 때면, 상대방을 공격하는 것으로 고통을 줄이고 싶기도 하다. 이를 통해 내가 얼마나 고통받고 있는지를 상대방에게 알리려 하는 것이다. 그런 상황에서 용서란 손에 잡히지 않는 개념처럼 느껴질지도 모른다.

누군가를 용서한다는 행위는 또한, 상대방이 응당 받아야 할 처벌을 면하게 해 주는 것처럼 느껴질 때도 있다. "네가 잘못한 것은 알지만, 이번에는 벌하지 않을게."라는 메시지를 보내게 되는 것이라고 말이다.

하지만 진정한 용서는 상대방의 잘못을 눈감아 주는 것과는 다르다. 심지어 그들이 잘못했다고 생각하는 것과도 큰 차이가 있는 개념이다.

기독교 성서에서 '용서하다'라고 번역하는 그리스어 단어는 'aphesis'이며, 말 그대로 '놓아주다'라는 의미를 지니고 있다. 물리적으로 손에 쥐고 있던 것을 놓아주는 것과 비슷하다. 다만 용서에서는, 내가 느슨하게 풀어 주는 것이 정신적인 손이라는 점이 다를 뿐이다. 상대방을 향해 품은 비판과 불만 그리고 그들이 특정한 방식으로 행동해야 한다는 집착을 함께 놓아주는 것이다.

누군가가 내가 기대하거나 원하는 대로 행동하지 않을 때면 종종 화가 난다. 그리고 이럴 때면, 상대방이 내 분노를 일으켰다고 생각하기 쉽다. 내 감정에 대한 책임을 상대방에게 지우는 것이다.

하지만 조금 더 자세히 들여다보면, 내 분노가 상대방의 행동보다는 그 행동에 대한 내 해석, 그러니까 상대방이 실제로 한 행동과 그가 마땅히 해야 하는 행동에 관한 자의적인 해석에서 비롯되었음을 깨닫게 된다. 따라서 누군가가 나를 화나게 했다기보다는 내가 그의 행동을 판단함으로써 스스로 화를 불러일으켰다고 말하는 쪽이 더 정확할 것이다.

이것이 바로 타인에 대한 비판을 놓아줌으로써 그를 용서하면 기분이 나아지는 이유다(많은 경우, 상대방은 자신이 용서받았다는 사실, 심지어는 우리가 언젠가 그들을 비판했다는 사실조차도 모르는 상태다).

진정한 용서는, 마음 깊은 곳 어딘가에서 상대방이 나와 같은 것을 원한다는 사실을 인정하는 데서 생겨난다. 타인은 자기 나름의 방식으로 평온을, 고통과 괴로움에서 벗어나는 해방을 추구한다.

타인의 그릇된 행동을 무조건 용납하라는 말이 아니다. 때때로 타인에게 행동을 개선해 보라고 말을 건네고 싶을 때도 있을 것이다. 다만, 이런 제안을 비판적 태도보다는 연민 어린 마음으로 건넬 수 있으면 좋겠다.

상냥함

영어로 '상냥함'을 의미하는 단어 'kindness'의 어원인 'kin(친족)'은 나와 가까운 이들 — 같은 가족이나 부족에 속한 사람 — 즉 우리와 동류(kind)인 사람들을 의미한다.

마음 깊은 곳에서 모든 인간은 동류다. 인간이라면 누구나 안락함, 존중, 돌봄과 인정을 원한다. 인간이라면 누구나 비판의 대상이 되거나, 거절당하거나, 무시당하거나, 조종당하는 것을 원하지 않는다. 단순히 표현하자면 인간은 누구나 사랑받는 기분을 느끼기를 원한다. 여기서 말하는 사랑은 낭만적 사랑이나 격하게 감정을 드러내는 것이 아니라 단순한 애정을 말한다. 이것이 바로 모든 인간관계의 공통된 핵심이다. 인간은 누구나 돌봄을 원하고 상냥하게 대접받기를 원한다.

만약 내가 이런 대우를 받고 싶다면, 다른 사람들도 그렇게 대우하는 것이 마땅하다. 하지만 아차 하면 정반대로 행동하기 쉽다. 상대방을 인정하고 애정으로 대하는 대신, 비난하고 공격하는 악순환으로 대하는 것이다.

이런 악순환은 대체로 상대방의 말이나 행동에 상처받는 것에서 시작된다. 상대에게 악의가 있었는지 없었는지는 중요하지 않다. 중요한 것은, 내가 상처받았다는 사실 그 자체이다. 나 자신의 감정적 반응을 똑바로 인지하고 있지 못한 상태라면, 맞서 공격하는 것으로 자기방어를 시도할 수도 있다. 이는 물론 훌륭하거나 현명한 반응은 아니지만, 가성을 겪지 못한 사람의 일반적인 반응이다. 맞공격은 날카로운 발언이나 비판, 분한 목소리, 몸짓의 변화, 혹은 단순히 긴 침묵의 형태를 띨 수 있다. 어떤 형태이든, 바탕에 깔린 의도는 상대방에게 약간의 고통을 주는 것이다. 관계를 해칠 정도는 아니지만, 그들도 온전히 사랑받는 기분을 느끼지 못하도록 하는 것이 목적이다.

하지만 흔히 그렇듯이 상대방도 자신의 감정적 반응을 완전히 인지하지 못한 상태라면, 공격이라 여겨지는 발언에 대한 그의 반응도 나와 같을 것이다. 그 역시 내가 약간의 고통을 느끼거나 온전한 사랑을 느끼지 못하게 만드는 행동이나 말로 맞공격을 할 것이다.

바로 이 지점에서 악순환이 시작된다. 이런 고리는 눈에 잘 띄지는 않는다. 표면적으로는 두 사람 모두 우호적이고, 눈에 띄는 적개심을 보이지 않으며 관계가 잘 유지되는 것처럼 보일 수도 있다. 하지만 물밑에서는 비극적인 게임이 벌어지고 있다. 상대방이 조금 더 애정 어린 방식으로 행동하기를 바라는 마음으로 상대방에 대한 애정을 숨기는 게임이다. 이 상황에 빠져든 이들은, 서로에게 이렇게 말하고 있는 것이나 다름없다.

"넌 내게 상냥하지 않아. 네가 잘못을 깨닫고 나를 더 상냥하게 대접할 수 있도록 이제부터 너를 조금 덜 상냥하게 대하겠어."

서로에게 손해인 게임일 수밖에 없다. 수많은 개인적, 사회적, 일적인 관계가 그다지도 험난한 것이 이상하지 않다.

내가 애정과 인정을 바라는 것처럼 상대방 역시 애정과 사랑을 바란다는 사실을 깨달음으로써 이 악순환을 멈출 수 있다. 이 깨달음과 함께, 내 의도는 "어떻게 하면 상대방이 공격이나 거부가 아니라 애정과 존중을 느낄 수 있는 방식으로 소통할 수 있을까?"로 탈바꿈한다.

일단은 공격적인 생각과 의도를 스스로 경계하는 것으로 시작하자. 아주 미묘한 공격이라도 소통할 때 모조리 걸러 내면, 많은 문제를 근본적으로 해결할 수 있다.

여러분이 느끼는 진실을 입 밖으로 내서는 안 된다는 말이 아니다. 다만, 상대방이 공격보다는 존중받는 기분이 들 방안을 찾아야 한다는 뜻이다. 꺼내기 어려운 말이 있다면 그 말을 하고자 하는 이유로 말문을 열어서, 이 대화가 공격성이 아닌 애정 어린 태도에서 비롯된다는 사실을 알려 줄 수 있을 것이다. 예를 들어, "나는 우리 관계를 소중히 여기고 앞으로도 계속 발전해 나갔으면 좋겠어. 그러려면 조금 어려운 문제를 이야기해야만 해."라고 말할 수 있을 것이다. 이는 본론을 툭 내뱉는 것과는 완전히 다른 분위기를 만들어 낸다.

이런 태도는 나 자신이 느끼는 두려움 — 그 감정 역시 진실의 일부이므로 — 을 겉으로 표현하는 데도 도움이 된다. 거부당하는 것, 혹은 오해받는 것에 대한 두려움을 드러내는 것은, 상대방이 당신의 걱정을 이해하고 마음가짐을 편하게 하는 데 도움이 된다. 이 행위의 목적이 바로 그것임을 잊어서는 안 된다.

언젠가 이 태도를 유지할 수 없는 순간도 분명 올 것이다. 공격 모드가 슬금슬금 모습을 드러냈다면, 진심 어린 사과만큼 관계를 원래 상태로 돌리는 데 효과적인 약이 없다. 잘못했음을 시인하고(인간이라면 누구나 잘못을 저지른다), 이전보다 더 애정 어린 표현을 해 보라.

상냥함의 실천은, 모든 종교의 핵심인 황금률이나 진배없다. 기독교 성서에서는 “남에게 대접을 받고자 하는 대로 너희도 남을 대접하라”고 가르친다. 비슷하게 이슬람 전통에서는 “제가 원하는 바를 제 형제가 누리기를 희망하는 자만이 믿음이 있도다” 하는 격언을 찾아볼 수 있다.

만약 모두가 마주치는 모든 사람과 관계 맺을 때 이 원칙을 적용했다면, 세상은 지금보다 훨씬 나은 곳이 되었을 게 분명하다.

너 자신을 사랑하라

"너 자신을 사랑하라." 흔한 말이다.

이는 자기 자신을 있는 그대로 받아들이고 사랑하며, 약점은 연민을, 축복은 감사를 담아 대하라는 방향으로 해석할 수 있다. 이런 자기애는 물론 소중하다. 이런 방식은 자기비판을 줄이고 더 진실한 삶을 사는 데 도움을 줄 수 있다.

나 자신을 사랑하는 또 다른 방법은, 우리 심장 어딘가에 있는 '사랑'이라는 감각 — 누군가를 사랑하면 느끼는 감각 — 을 나 자신에게로 향하게 하는 것이다. 내 특정한 면모를 사랑하는 것이 아니다. 다만 나 자신이, 이미 존재하는 이 사랑이라는 느낌을 누리도록 허락하는 것이다.

자기애에는 심지어 더 뜻깊은 방법이 존재한다. 때때로

'순수한', 혹은 '진실한' 자신 — 단순히 말하자면 고유명사 '자신' — 이라고 불리는 존재, 우리 존재의 핵심인 '나'라는 불변의 감각을 사랑하는 것이다.

대부분의 사람은 내면의 이 존재를 눈치채지 못한다. 사람의 주의 집중은 으레 이 순간의 생각과 경험에 집중되어 있기 때문이다. 하지만 주의력의 긴장을 풀고, 존재 자체에 몸을 맡기면, 내면의 평화와 안온함, 모자람 없는 큰 만족을 느낄 수 있다.

이 본질적 상태를 깨닫는 것은 그 자체로도 신적인 경험이다. 신비주의자들은 이에 관해 수없이 많은 말을 남겼다. 깨달음을 얻은 이들은 언제나 '나'에게 마음을 열 것을 그리고 그것이 주는 차분하고 만족스러운 삶을 누리라고 말해 왔다.

고유명사 '자신'의 품에서 휴식하는 것은 어찌나 달콤한지, 도무지 사랑하지 않을 수 없다.

이게 바로 우리 인간이 갈망해 온 것이다.

이게 바로 우리 인간이 사랑하는 것이다.

당신은, 사랑받고 있다.

사랑을 사랑하라

인간은 사랑을 사랑한다. 이는 인류의 가장 기초적인 욕구이며, 이 욕구를 충족시키기 위해서라면 어떤 일도 서슴지 않는다.

하지만 사랑은 그저 주어지거나, 내가 일어나게 할 수 있는 존재가 아니다. 사랑은 언제나 우리의 존재와 함께한다. 어떤 사람은 사랑을 "고유한 '나'의 비밀스러운 감각"이라고도 했다. 의도적으로 감춘다는 의미에서 비밀스럽다는 게 아니라, 주의력을 생각과 경험에 쏟아붓는 인간은 대체로 그 존재를 깨닫지 못한다는 의미에서 하는 말이다. 하지만 고유한 '나'의 품에서 휴식할 때면, 사랑이 느껴진다. 그 순간 우리는 사랑이 된다.

사랑이란, 다른 존재를 있는 그대로 받아들이는 것이다. 사랑의 반대말은 거절, 가치판단이다. 가치판단은 상대방이 내 필요, 가치관, 기준을 충족시키지 못한다거나 내 행복을 훼방 놓는다는 발상에서 비롯된다. 이런 발상은 모두 인간의 본질을 흐린다.

따라서 사람은 눈앞의 장막을 걷어 냄으로써 사랑을 찾을 수 있다. 가치판단, 통제하고자 하는 욕망, 두려움을 놓아줌으로써 — 단순히 말하자면 에고를 놓아줌으로써 — 사랑을 찾을 수 있다.

안전함과 안락함을 느끼게 해 주는 사람을 만나면 사랑은 다시 모습을 드러낸다. 이런 순간에는 내가 상대방과 사랑에 빠진 것이라는 생각이 들 수도 있다. 하지만 그 사람을 통해 내가 다시 사랑에 빠지게 된다고 말하는 쪽이 더 정확할 것이다.

사랑의 품으로 돌아가기 위해, 타인이 기회를 건네는 것을 기다릴 필요는 없다. 자리에 조용히 앉아 생각하는 정신이 긴장을 풀도록 하면, 나라는 존재와 사랑의 본질이 다시 한번 맞닿을 것이다.

그곳에서 우리는 사랑 그 자체를 사랑할 수 있다.

사랑이 어떤 느낌인지 즐기도록 하라. 사랑의 부드러운 온기에 몸을 담그도록 하라.

지혜

지혜란 무엇인가? 지혜의 필요성, 지혜 전통, 지혜 학파, 지혜 학회 등, 최근 자주 귀에 들려오는 단어다.

사람이라면 누구나 지금보다 더 지혜로워지고 싶어 하고, 타인 역시 더 지혜롭기를 바랄 것이다. 많은 고통과 괴로움이 지혜의 부재에서 솟아난다. 하지만 우리가 이토록 높게 평가하는 이 '지혜'라는 자질은 대체 무엇일까?

데이터가 정보로, 정보가 지식으로 발전하는 과정을 통해 지혜라는 개념을 해석할 수 있을 것이다.

데이터는 가공되지 않은 팩트다. 예를 들어 종이 위에 쓰인 글자는 데이터이다.

정보는 데이터의 패턴과 구조에서 비롯된다. 단순한 글

자의 나열은 거의 정보를 제공하지 않지만 글자가 단어를 만들고, 단어가 문장을 만든다면 비로소 정보와 뜻을 지니게 된다.

지식은 수집한 정보 — 예를 들어 독서 — 를 바탕으로 사람이 내리는 전반적인 결론에서 나온다고 할 수 있다.

그리고 지식을 어떻게 쓰는지 알려 주는 것이 바로 지혜이다. 지혜의 본질은 분별력에 있다. 옳은 것과 그른 것, 유용한 것과 해로운 것, 진실한 것과 허황한 것에 대한 분별력 말이다.

예를 들어 여러분은 사람이라면 누구나 행복하고 사랑받으며 인정받기를 원한다는 사실을 알고 있을 것이다. 여러분은 이 지식을 어떻게 사용할 텐가? 내 욕심을 채우기 위해 다른 사람을 조종하는 데? 아니면 존중을 담아 대우하며 그들이 더 행복하고 만족할 수 있도록 도와주는 데?

우리가 지혜롭다고 여기는 사람들은 부와 명성을 얻는 것보다 삶에 더 큰 의미가 있다는 것을 알고 있다. 나를 바라보는 타인의 가치판단보다 사랑과 우정이 더 중요하다는 것을 깨달은 사람들이다. 이들은 대체로 상냥하고, 자기 자신에게 만족하며, 진정한 득실을 따질 줄 안다.

지혜는 나이와 함께한다는 통념이 있다. 하지만 굳이 시간의 흐름을 기다릴 필요가 있을까? 미래의 삶을 헤쳐 나갈 충분한 지식뿐만 아니라, 그 지식을 어떻게 쓸지 알려 주는 지혜까지 갖추고 학교를 졸업하는 것이 이상적이지 않을까?

이 지점에서 떠오르는 질문. 지혜를 기르는 것이 가능한가?

인간이 추구하는 지혜는 이미 모든 인간의 본질에 존재한다. 마음 깊은 곳에서, 사람은 옳고 그름을 판단할 수 있다. 하지만 내적인 지혜의 조용한 목소리는, 특정한 문제에 매달리는 에고-정신에 가려지기 일쑤다.

에고를 놓아주고, 존재의 본질이 제공하는 고요함 속에서 쉬도록 하자. 그러면 어딘가에서 분별력의 조용한 목소리가 새어 나와 세상을 보는 또 하나의 시각을 가져다줄 것이다.

부처는 이 모든 게 쉬웠을까?

어떤 의미에서 부처는 이 모든 것이 쉬웠을 것이다. 텔레비전, 인터넷, 머나먼 땅에서 벌어지는 재난에 관한 소식, 유명인과 정치인의 최신 스캔들에 정신이 팔릴 일이 없었을 테니까 말이다. 부처에게는 부재중 전화도, 쌓여만 가는 이메일 수신함도, 읽어야 하는 최신 트위터, 페이스북 페이지도 없었다. 그는 청구서를 낼 돈을 벌기 위해 일을 할 필요도 없었고, 주가 폭락, 방사능 유출, 기후변화, 은행 도산을 염려할 필요도 없었다. 이것이 부족하다고, 이것을 가지기 전까지는 행복해질 수 없으리라고 유혹하는 광고의 홍수도 겪지 않았다. 매 순간 쓸데없는 생각을 일으키게 하고 집중을 방해하는 것들에 몰입하라고 부추기는 현대 문화의 영향을 받지 않았다.

하지만 부처의 길은 험난했다. 젊은 시절, 부처가 얻은 영적인 조언은 전통적인 베다 사제들의 것이 유일했는데, 이들은 구원을 얻기 위해서는 정교한 의식과 제물이 필요하다고 설파했다. 부처는 집을 떠나 수년간 인도 북부의 숲과 마을을 떠돌며 영적 길잡이를 찾아 헤맸다. 하지만 의미 있는 도움을 줄 수 있는 사람은 흔치 않았다. 당시의 영적 선구자들은, 영적 해방이 신적인 존재가 아니라 인간의 내면에서 비롯된다는 깨달음을 이제 겨우 얻기 시작한 참이었다. 부처는 모든 수단을 동원했다. 가장 훌륭한 스승에게 가르침을 받았으며, 굶주림으로 죽음의 문턱에 다다를 수준의 금욕을 실천하기도 했다. 하지만 결국 깨달음은 부처 본인의 몫이었다. 세상 만물이 마땅히 어떠해야 한다는 집착이 인간에게 고통을 불어넣으며, 자신의 본성과 맞닿지 못하게 한다는 급진적인 깨달음이었다.

현대 인류는 부처보다 상황이 낫다. 부처의 발견 그리고 거기에 자신의 깨달음을 덧붙인 추종자들의 발견을 양껏 누릴 수 있다. 여러 문화의 신비주의자부터 토속적인 지혜까지, 다양한 영적 전통에서 교훈을 얻을 수도 있다. 오늘날 인간은 수백 년 동안 이어 온 영적 탐구에 접근할 수 있을 뿐만 아니라, 지금 살아 있는 사람들의 지혜도 들여다볼 수 있다. 오늘날 인간은 이 현자들의 가르침을 직접 듣거나, 글을 읽거나,

녹취록을 듣거나, 영상을 보거나, 인터넷에서 라이브 방송을 볼 수도 있다. 거기에 심리학, 신경 과학, 화학, 생물학의 발전이 인간의 이해와 경험을 더더욱 보완해 주기까지 한다. 무엇보다 중요한 것은, 인류가 이 영원불멸한 지혜의 다양한 표현 방식을 하나의 이해로 정리해서 받아들이고 있다는 사실이다. 인간은 시대와 문화의 특정한 요소들을 제거하면서 깨우침의 핵심은 선입견과 가치판단을 놓아주고, 주의 집중을 현재로 향하게 하며, 자신의 진정한 본질을 인지하게 하는 것임을 비로소 깨닫고 있다.

한편으로는, 오늘날 존재하는 수많은 스승과 가르침 덕택에 영적 각성은 점점 쉬워지고 있다. 하지만 다른 한편으로는, 이 시대의 끊임없는 요구가 영적 자각을 어렵게 만든다. 이 두 요소는 어떤 균형을 이루고 있을까? 전체적으로 보면, 오늘날 영적 자각을 이루어 내는 것은 2,500년 전보다 쉬울까, 아니면 어려울까? 그런 판단은 누가 할 수 있을까? 이 질문에 대한 답이 무엇이 되었든, 언제 어디서든 쉽게 접할 수 있는 지혜의 보고를 이용해 우리에게 이로운 방향으로 저울을 기울일 수 있으리라. 그리고 영적 자각을 이룬 상태를 지속시키는 게 너무나도 어려운 현대사회의 유혹을 언제나 충분히 염두에 둬야 할 것이다.

미래를 놓아주는 것

옛 중국에는 이런 저주의 말이 있었다고 한다.

"그대가 흥미로운 시대를 살아가기를 바라오."

왜 이 말은 축복이 아니라 저주일까? '흥미로운 시대'라는 건, 많은 일이 일어나고 많은 변화와 새로운 도전을 앞둔 시대를 의미한다. 따라서 '흥미로운 시대'가 언제나 편안한 시대라고는 볼 수 없다.

현대는 분명 '흥미로운' 시대다. 한편으로는 여러 분야의 지식과 기술이 이전과 비교되지 않는 속도로 발전하고 있다. 지난 20년간 인류가 목격한 변화는 지난 한 세기 동안의 변화와 맞먹는다. 2000년 무렵, 우리 가운데 몇 명이나 스마트폰, 소셜 미디어, 온라인 쇼핑, 영화 스트리밍의 세상이 닥칠 것이라고 예상했겠는가? 이와 비슷한 수준의 변화는 다가오는 10년 안에 또 한 번 일어날 것이다. 10년 뒤, 일상적으로 쓰일 신기술은 대체 어떤 모양을 하고 있을까?

또 한편으로는, 인류와 행성은 전례 없는 위기를 겪고 있다. 숲이 빠르게 죽어 간다. 점점 더 많은 생물이 멸종하고 있다. 공기는 오염으로 얼룩지며, 바다로 향하는 강줄기는 썩어 간다. 기후 위기는 이미 기상이변, 흉작, 해안가 지역의 범람을 초래하고 있으며, 빠른 시일 안에 집단 이민으로 이어질 가능성이 크다. 점점 더 많은 인수 감염병(동물에게서 인간에게로 감염되는 질병)이 나타나, 전 세계적으로 유행병이 일어날 가능성이 높아지고 있다.

지금은 물론 편안한 시대가 아니다. 앞으로도 더 그렇게 될 가능성이 크다. 앞으로 펼쳐질 미래를 아는 사람은 없지만 '놓아주는 기술'은 이전보다도 훨씬 더 중요해질 것이다.

변화가 빠르게 닥쳐옴으로써, 미래를 예측하는 것은 점점 어려워진다. 예측할 수 있는 사건(다가오는 허리케인 같은 일)은 무슨 일이 벌어질지, 어떻게 대비해야 하는지 어느 정도는 알 수 있다. 하지만 예측할 수 없는 사태는 어떻게 대비해야 하는가?

나는 이 상황을 태풍을 견디는 나무에 빗대고 싶다. 나무는 우선 단단하고 튼튼한 뿌리가 있어야 태풍과 맞닥뜨렸을 때 땅에서 뽑히지 않을 것이다. 마찬가지로 인간 역시 '존재'라는 토지에 단단히 뿌리를 내려야 한다. 변화의 중심에서 냉정함, 평정심, 침착함을 유지하고, 예기치 못한 사건이 일어날 때마다 공포와 공황에 휩싸여서는 안 될 것이다. 무언가가 내게 행복을 가져다주리라는 믿음을 놓아주고, 인간이 삶에서 추구하는바 — 평화, 평온, 만족 — 는 바로 여기, 나 자신의 내면에 존재함을 기억해야 할 것이다.

바람에 따라 흔들리는 나무처럼 인간도 유연해져야 한다. 세상이 어떠해야 한다는 이상, 미래가 어떤 모습이리라는 예측을 놓아주어야 한다. 기대를 놓아주고, 확신을 향한 욕망을 놓아주어야 한다. 그리고 과거의 시각보다는 새로운 시각 — 다가오는 시대에 필요한 창의적 발상과 혁신의 필수적인 요소 — 으로 세상을 바라볼 수 있어야 할 것이다.

나무는 혼자보다 숲속에서 자라는 것이 안전하다. 숲을 이루고 있는 나무가 저마다 바람의 위력을 꺾어 주기 때문이다. 마찬가지로 인간도 공동체 안에서 안전하다. 미래는 미개척 지대이며, 스스로 연약하게 느껴지는 때가 올 것이다. 감정을 교류하거나 때로는 물질적인 지원이 필요할 때가 있을 것이다. 마음 깊숙이 모두는 같은 것 — 고통에서의 해방, 존중과 사랑 — 을 원한다는 사실을 기억하여, 마음을 열고 더 너그러워져야 할 것이다.

숲속에서 태풍이 나무 꼭대기를 휩쓸어도, 땅은 고요할 수 있다. 인간 역시, 존재의 고요함에 머무르는 것이 이득이다. 삶의 덧없음 속에서, '나는 존재한다'는 감각만큼은 언제나 존재하며 변하지 않는다. 바로 여기에서 우리는 에고-정신의 의도에 오염되지 않은 지혜와 영감을 끌어낼 수 있다.

단순히 말하자면 내가 더 똑똑하고, 창의적이고, 순발력 있고, 연민을 가지며, 자신과 깊이 맞닿아 있으며, 변화에 명확하게 지혜로 대응할 수 있는 인간이 되는 길에 놓인 장애물을 모조리 놓아주어야 한다.

놓아주는 방법은 사람마다 다르다. 이 책에서 나는 내게 도움이 되었던 방식을 소개했다. 어쩌면 여러분은 더 나은 방법을 알고 있을지도 모르겠다. 실로 그랬으면 좋겠다. 성공적인 전략은 많으면 많을수록 좋으니까 말이다.

새로운 길에서 머무르는 것이 얼마나 어려운지, 나 역시 경험으로 알고 있다. 세상이 제공하는 수많은 구경거리는 물론이고, 우리의 정신이 꾸며 내는 잡음에 발목이 잡히는 것은 너무나도 쉽다.

여기에서 또 한 번, 공동체 — 서로의 여정을 도우며 서로가 넘어지지 않도록 잡아 주는 — 의 소중함이 돋보인다. 공동체는 인간이 놓아주어야 하는 집착 — 소유물, 자의적 해석, 가치판단, 불만, 걱정 아니면 불만을 자아내는 다른 무엇이든 — 을 지적할 수 있다. 긴장을 풀고, 현실로 돌아와 인간 본성의 깊은 평화 속에서 휴식할 것을 서로에게 상기시켜 줄 수 있다.

좋은 소식은, 현대 인류는 다양한 지혜의 전통에서 공통된 원칙을 한데 모아 전례 없는 기술을 사용해 널리 퍼뜨리며 핵심을 향해 나아가고 있다는 점이다.

그리고 인류는 이 모든 것을 일상적으로 행하고 있다. 형이상학이라는 짐 덩이 없이, 문화적 차이로 가려지지 않으며, 소수에게만 국한되지 않은 영적 깨우침을 현실로 만들어 가고 있다. 현대 인류의 영적 각성은 합리적이며 단순하고 이해하기 쉽다.

무엇보다 중요한 것은 인류가 비로소 깨우침을 매력적인 것, 욕망의 대상으로 여기게 되었다는 점이다. 이 책의 첫머리를 장식한 아잔 차의 가르침으로 돌아가 보자.

> 조금 놓아주면, 조금의 평화를 누리리라.
> 많이 놓아주면, 많은 평화를 누리리라.
> 완전히 놓아주면, 완전한 평화를 누리리라.

옮긴이_ **이하영**

1993년 부산 태생으로 열다섯 살에 스웨덴으로 옮겨 가 스톡홀름 시립 쿵스홀멘 고등학교 사회과학과를 졸업했다. 지은 책으로는 『열다섯 살 하영이의 스웨덴 학교 이야기』가 있고 옮긴 책으로는 『겉은 노란』과 『그녀에게 가는 길』, 『초등학생을 위한 똑똑한 돈 설명서』, 『초등학생을 위한 똑똑한 좋은 뉴스』, 『보스처럼 생각하기』가 있다. 케임브리지 대학교 인문사회정치학부를 졸업했다.

사소한 것을 놓아주기

초판 1쇄 발행 2023년 12월 21일

원작 LETTING GO OF NOTHING **지은이** 피터 러셀 **옮긴이** 이하영

발행인 도영 **편집** 하서린, 이혜숙

내지 디자인 손은실 **표지 디자인** 씨오디

발행처 마레책방 등록 2023-000154

주소 서울시 마포구 동교로 142, 5층(서교동)

전화 02) 909-5517 **Fax** 0505) 300-9348 **이메일** anemone70@hanmail.net

ISBN 979-11-983865-2-6 03190